FRIEDRICH SCHILLER: KABALE UND LIEBE

von
HANS PETER HERRMANN
und
MARTINA HERRMANN

VERLAG MORITZ DIESTERWEG
Frankfurt am Main · Berlin · München

Die Reihe wird herausgegeben von Hans-Gert Roloff.

CIP-Kurztitelaufnahme der Deutschen Bibliothek

Herrmann, Hans Peter:
Friedrich Schiller: Kabale und Liebe / von
Hans Peter Herrmann, Martina Herrmann. –
1. Aufl. d. Neufassung. – Frankfurt am Main ;
Berlin ; München: Diesterweg, 1983.
  (Grundlagen und Gedanken zum Verständnis des
  Dramas)
  ISBN 3-425-06398-7
NE: Herrmann, Martina:

ISBN 3-425-06398-7

1. Auflage der Neufassung 1983

Umschlaggestaltung: Reinhard Schubert, Frankfurt am Main

Gesamtherstellung: Druckerei Georg Appl, Wemding

Inhalt

1 Allgemeine Grundlagen

1.1 Daten und Dokumente zur Entstehung von „Kabale und Liebe"

1759
10.11. Johann Christoph Friedrich Schiller in Marbach/Neckar geboren

1773 Schillers Vater bringt seinen Sohn auf die „Militär-Pflanzschule" des Herzogs Karl Eugen von Württemberg (1728–1793), seit 1775 „Hohe Karlsschule".

1780/81 Schiller wird aus der Karlsschule entlassen. Regimentsmedikus in Stuttgart (Gehalt: 18 Gulden monatlich)

1779/80 Entstehung der *Räuber*

1781 Schiller läßt *Die Räuber* auf eigene Kosten, mit geborgtem Geld (ca.
Mai/Juni 150 Gulden) drucken und gibt sie im Selbstverlag heraus.

1782 Uraufführung der *Räuber* am „Nationaltheater" Mannheim (Direktor:
13.1. Wolfgang Heribert Reichsfreiherr von Dalberg (1750–1806)). Schiller reist ohne Erlaubnis des Herzogs zur Aufführung.
Frühjahr Arbeit am *Fiesco*
25.5. Zweite Reise nach Mannheim ohne Urlaub. Schiller möchte mit Dalberg festere Verbindungen aufnehmen.
28.6. 14 Tage Arrest wegen der Mannheimer Reise. Nach einem Bericht von Schillers Schwägerin Caroline von Wolzogen (1763–1847) hat Schiller hier den ersten Plan zu *Kabale und Liebe* entworfen:

> „... im Mai 1782, wagte er [Schiller] wiederum eine heimliche Reise; um sie ausführen zu können, ließ er sich als krank angeben; sie wurde entdeckt, und natürlich militärisch mit Arrest bestraft. Während dieses Arrestes war es, wo er den Plan zu Cabale und Liebe entwarf; und so erklären sich leicht die etwas grellen Situationen und Farben dieses Stückes." (Wolzogen 1830, S.48)

Anfang Arbeit am *Fiesco* vorläufig abgeschlossen
Sept.
22.9. Flucht mit Andreas Streicher (1761–1833) aus Stuttgart
24.9. Ankunft in Mannheim. Schiller liest *Fiesco* den Mannheimer Theaterleuten vor; sein übertriebenes, schwäbelndes Lesen verdirbt den Eindruck. Unsicherheit über politische, berufliche und finanzielle Zukunft
3.–5.10. Fortsetzung der Flucht nach Frankfurt. Erster sicherer Beleg über das Stück, das hier noch *Louise Millerin* heißt, durch Streichers Buch „Schillers Flucht" (1836):

> „Ebenso beschäftigte er sich während der Fußreise, die wir von Mannheim nach Frankfurt machen mußten, trotz des Verdrusses über die fehlgeschlagenen Hoffnungen unablässig mit dem Plane eines neuen Trauerspiels ‚Luise Millerin', und kaum konnte die herrliche Bergstraße sowie die damals noch vorhandenen Ruinen seine Gedanken auf einige Augenblicke ableiten. Selbst in Frankfurt, wo die gegenwärtige Verlegenheit sowie die finstere Zukunft alles Denken und Empfinden in Anspruch nahm, dichtete und arbeitete er doch immerfort [...]." (Streicher 1974, S.268; vgl. dort S.69)

5.–11.10. Aufenthalt in Frankfurt. Intensive Arbeit an *Louise Millerin*. Schiller bittet Dalberg um Vorschuß auf den *Fiesco*, um Schulden in Stuttgart bezahlen und seinen Lebensunterhalt bestreiten zu können. Dalberg lehnt ab, erst müsse

	das Stück von Schiller für die Bühne umgearbeitet werden. In finanziell verzweifelter Lage Fortsetzung der Reise
13. 10.	Ankunft in Oggersheim bei Worms, wo Schiller mit einem Mannheimer Regisseur und Schauspieler über Änderungen an *Fiesco* verhandelt
	Schiller bleibt vorerst in Oggersheim, wohnt mit Streicher auf einem Zimmer im Gasthof „Zum Viehhof", aus Angst vor Auslieferung an den Herzog unter dem Namen Doktor Schmidt. Umarbeitung des *Fiesco*, Arbeit an *Louise Millerin* (vgl. Streicher a. a. O., S. 75)
Nov.	2. Fassung des *Fiesco* fertiggestellt. Dalberg lehnt eine Annahme des Stückes auch in dieser Fassung ab.
30. 11.	Fortsetzung der Flucht aus politischen und finanziellen Gründen; Henriette von Wolzogen (1745–1788), Mutter des mit Schiller befreundeten Karlsschulenzöglings Wilhelm von Wolzogen, bot Schiller Zuflucht auf ihrem Gut Bauerbach bei Meiningen (Thüringen) an. Wilhelm von Wolzogen heiratete 1796 Schillers Schwägerin Karoline von Lengefeld, geschiedene von Beulwitz.
7. 12.	Schiller in Bauerbach (auch hier, in Sorge vor Verfolgung, als „Dr. Ritter")
(–Juli 1783)	Freundschaft mit dem Meininger Hofbibliothekar Wilhelm Friedrich Hermann Reinwald (1737–1815), mit dem Schiller vorwiegend brieflich verkehrt, um nicht in Meiningen erkannt zu werden, um ungestört an der *Louise Millerin* arbeiten zu können und auch, „weil ich nicht mit Equipage genug versehen bin, um mich sonntäglich in der Stadt zu produciren" (NA, 58). (Reinwald heiratete später Schillers Schwester Christophine.)
1783 Jan./Febr.	Schiller arbeitet mit großer Intensität an *Louise Millerin,* meldet mehrfach (fälschlich) an Streicher und Reinwald, daß das Stück fertig sei. Weiterhin Sorge, daß „der Herzog von Wirtemberg Wind bekäme" von seinem Aufenthalt (an Streicher, 14. Jan., NA, 62). Verhandlungen mit dem Leipziger Buchhändler Weygand wegen des Drucks, wobei der Gedanke an Schuldentilgung und Erlangung finanzieller Unabhängigkeit im Vordergrund steht. Die Verhandlungen scheitern jedoch an finanziellen Fragen.
Ende Febr.	Das Stück ist jetzt offenbar fertig oder doch fast fertig; Schiller schreibt bereits von neuen Plänen, u. a. zu *Maria Stuart* und *Don Carlos.*
	Aus dieser Arbeitsstufe ist nur der Entwurf zur Szene II,3 überliefert (sog. *Bauerbacher Fragment,* einzige Handschrift von *Kabale und Liebe* überhaupt; abgedruckt in: *Erläuterungen und Dokumente,* S. 57 ff.).
Mitte März	Dalberg, der offenbar von Schillers neuem Stück gehört hat, nimmt wieder Verbindung zu ihm auf und macht Angebote, es aufzuführen. Schiller berichtet darüber in Briefen und verhandelt auch mit Dalberg direkt, um Schwierigkeiten wie im Fall des *Fiesco* vorzubeugen:
27. 3.	„Die Mannheimer verfolgen mich mit Anträgen um mein neues ungedruktes Stük, und Dalberg hat mir auf eine verbindliche Art über seine Untreue Entschuldigung gethan. Ich kann also zu Ausgang des Mays soviel baar Geld zusammenbringen daß ich nach Berlin reisen und einiges Geräthe anschaffen kann. Dort werde ich bald Auskommen finden, und Addressen bekomm ich in Menge dahin. Hungerssterben werd ich zuverläßig nicht [. . .]." (An Henriette von Wolzogen; NA, 73)
27. 3.	„Ob ich mit Dalberg zu Rande kommen kann, zweifle ich. Ich kenne ihn ziemlich, und meine Louise Millerin hat verschiedene Eigenschaften an sich, welche auf dem Theater nicht wol passiren. Zum exempel die gothische Vermischung von komischem und tragischem, die allzu freie Darstellung einiger mächtigen Narrenarten, und die zerstreuende Mannichfaltigkeit des Details. Eröfnen Sie mir Ihre Meinung darüber. Eh ich mich in einen wei-

gandartigen Handel mit Dalbergen einlaße, will ich die Sache lieber gar nicht in Bewegung bringen." (An Reinwald; NA, 74)

3.4. „Außer der Vielfältigkeit der Karaktere und der Verwiklung der Handlung, der vielleicht allzufreyen Satyre, und Verspottung einer vornehmen Narren- und Schurkenart hat dieses Trauerspiel auch diesen Mangel, daß komisches mit tragischem, Laune mit Schreken wechselt, und, ob schon die Entwiklung tragisch genug ist, doch einige lustige Karaktere und Situationen hervorragen. Wenn diese Fehler, die ich EE. mit Absicht vorhersage, für die Bühne nichts anstößiges haben so glaube ich daß Sie mit dem übrigen zufrieden seyn werden. Fallen sie aber bei der Vorstellung zu sehr auf, so wird alles übrige, wenn es auch noch so vortreflich wäre, für Ihren Endzwek unbrauchbar seyn, und ich werde es beßer zurükbehalten. Dieses überlaße ich nun dem Urtheil EE. Meine Kritik würde zuviel von meiner Laune und Eigenliebe partizipieren. (An Dalberg; NA, 77)

Mitte April Dalberg hat das Stück angenommen und drängt auf Zusendung. Schiller arbeitet unter Hochdruck an der Fertigstellung, auch, um den Kopf frei zu bekommen für den *Carlos*. Das Stück wird dabei erheblich umgearbeitet: „Meine Louise Millerin hab ich sehr verändert. Das ist etwas verhaßtes schon gemachte Sachen zernichten zu müssen." (An Reinwald; NA, 85)

Ende April *Fiesco* erscheint beim Mannheimer Buchhändler und Verleger Christian Friedrich Schwan (1733–1815).

3.5. „Guten Morgen lieber Freund! Meine Louise Millerin jagt mich schom um 5 Uhr aus dem Bette. Da siz ich, spize Federn, und käue Gedanken. Es ist gewis und wahrhaftig, daß der Zwang dem Geist alle Flügel abschneidet. So ängstlich für das Theater – so hastig weil ich pressiert bin, und doch ohne Tadel zu schreiben ist eine Kunst. Doch gewinnt meine Millerin – das fül ich. Vor Veränderungen beben Sie nicht mehr. Meine Lady intereßiert mich fast so sehr, als meine Dulzinea in Stuttgardt, – aber davon weg. Wir beide leben jetzt in einem Verhältniß zu einander, als wenn wir uns kasteyten, oder wie 2 Eheleute ein Gelübde gethan, nicht bey einander zu schlafen." (An Reinwald; NA, 85)
Schiller hat bei der Umarbeitung die Figur der Lady weiter aufgewertet und die Bedingungen der Bühne mehr berücksichtigt. Die Beendigung des Stükkes zieht sich allerdings bis Anfang Juli hin. Im Mai wie im Juni vertröstet er Reinwald, bittet diesen allerdings auch, zu Wieland Kontakt aufzunehmen „wegen dem bestmöglichsten Verkauf von dergleichen Schriften. Sehr gerne möchte ich sie bald druken laßen, denn ich brauche Geld, und wünschte zugleich meinen Namen dadurch etwas mehr auszubreiten –"(NA, 95)

20.7. Uraufführung des *Fiesco* in Bonn durch Gustav Friedrich Wilhelm Großmann (1746–1796), Theaterdirektor in Bonn, Schauspieler und Autor zeitbekannter Schauspiele

24.7. Abreise aus Bauerbach   27.7. Ankunft in Mannheim. Dalberg ist auf Reisen, so daß die *Louise Millerin* erst am 13.August vorgelesen werden kann. Inzwischen verhandelt Schiller mit Schwan über den Druck des Stückes.

Ende Aug. Wohl nach einer erfolgreichen Aufführung der *Räuber* bietet Dalberg Schiller das Amt eines Theaterdichters für ein Jahr und Honorarzusagen an: Schiller muß zu *Fiesco* und *Louise Millerin* ein drittes Stück innerhalb der Vertragszeit liefern; er erhält 300 Gulden, davon 200 ausbezahlt und hat Anrecht auf die Einnahmen aus einer Benefizvorstellung je Stück.

1.9. Schiller erkrankt schwer an Malaria (mit Rückfällen bis Jan. 1784).

Ende Umarbeitung des *Fiesco* (auf Verlangen Dalbergs vor *Louise Millerin*, da Dal-
Sept.–Jan. berg den Carneval mit der Premiere des *Fiesco* eröffnen will)

1784

Jan. Beginn des Druckes von *Louise Millerin* bei Schwan

8.1. Aufnahme in die Kurfürstliche Deutsche Gesellschaft in Mannheim (gegründet 1775 zur Verbreitung aufklärerischer Gedanken). Schiller ist damit kurpfälzischer Untertan und kann sich vor Auslieferung an Württemberg endgültig sicher fühlen.

11.1. Premiere des *Fiesco;* kühle Aufnahme, nach zwei Wiederholungen vom Spielplan abgesetzt

ab Mitte Jan. Umarbeitung der *Louise Millerin* für die Bühne. Nach dem geringen Erfolg des *Fiesco* setzt Schiller alle Hoffnungen auf das neue Stück.

„Gegenwärtig drukt Schwan ein neues Trauerspiel von mir, Louise Millerin, das in 4–5 Wochen die Preße verlaßen kann. Ich darf hoffen, daß es der teutschen Bühne keine unwillkommene Acquisition seyn werde, weil es durch die Einfachheit der Vorstellung, den wenigen Aufwand von Maschinerei und Statisten, und durch die leichte Faßlichkeit des Plans, für die Direction bequemer, und für das Publikum genießbarer ist als die Räuber und der Fiesco." (An Großmann; NA, 131 f.)

25.2. August Wilhelm Iffland (1759–1814), Theaterdichter und Schauspieler in Mannheim, liest die *Louise Millerin* und schlägt danach die Titeländerung in *Kabale und Liebe* vor, die noch für die Titelblätter der im Druck befindlichen Buchausgabe übernommen wird.

15.od.16.3. Auslieferung der Druckfassung von *Kabale und Liebe*

bis Ende 1.Umarbeitung für die Bühnenaufführung
März

April 2.Umarbeitung für die Aufführung; beide Überarbeitungen sowie spätere Abänderungen im sog. *Mannheimer Soufflierbuch*
Vorbereitungen für die Aufführung in Mannheim; Schiller arbeitet entsprechend seinem Vertrag selbst an der Aufführung mit. Über diese Arbeit gibt es einen kurzen Bericht im Mannheimer *Taschenbuch für das Theater* von 1795:
„Der Verfasser von Kabale und Liebe war bei der ersten Probe zugegen; er äußerte laut seinen Unwillen über die Derbheit, mit welcher der Musikant Miller vorgetragen wurde. Der Schauspieler schwieg. – Kurz darauf kam eine Stelle [I,2], wo Millers Frau zu früh abging, der Schauspieler rief ihr zu, er hätte noch eine Nüance zu beobachten: ‚welche?‘ fragte Mad. Müller – ‚ich habe Ihnen noch, nach der Vorschrift des Verfassers, einen Tritt in xxx zu geben‘ – Der Verfasser fand sich dadurch sattsam widerlegt." (In: Mannheimer Soufflierbuch, S.199)
Die recht hämische Anekdote zeigt immerhin, daß Schiller es offenbar „vermied [...] die naturalistisch anmutenden Züge in ‚Kabale und Liebe‘ auch naturalistisch spielen zu lassen; er war vielmehr um eine verhaltene Darstellungsweise bemüht". (Kraft, ebd.)

13.4. Uraufführung von *Kabale und Liebe* durch Großmanns Bonner Truppe in Frankfurt/Main

15.4. Erstaufführung in Mannheim mit großem Erfolg; Schiller erlebt ihn in der Loge:
„Aber als nun die Handlung begann – wer vermöchte den tiefen, erwartenden Blick – das Spiel der unteren gegen die Oberlippe – das Zusammenziehen der Augenbrauen, wenn etwas nicht nach Wunsch gesprochen wurde – den Blitz der Augen, wenn auf Wirkung berechnete Stellen diese auch hervorbrachten – wer könnte dies beschreiben! – Während des ganzen ersten Aufzuges entschlüpfte ihm kein Wort, und nur bei dem Schlusse desselben wurde ein ‚es geht gut‘ gehört.

7

Der zweite Akt wurde sehr lebhaft und vorzüglich der Schluß desselben mit so vielem Feuer und ergreifender Wahrheit dargestellt, daß, nachdem der Vorhang schon niedergelassen war, alle Zuschauer auf eine damals ganz ungewöhnliche Weise sich erhoben und in stürmisches, einmütiges Beifallrufen und Klatschen ausbrachen. Der Dichter wurde so sehr davon überrascht, daß er aufstand und sich gegen das Publikum verbeugte. In seinen Mienen, in der edlen, stolzen Haltung zeigte sich das Bewußtsein, sich selbst genuggetan zu haben, sowie die Zufriedenheit darüber, daß seine Verdienste anerkannt und mit Auszeichnung beehrt würden." (Streicher 1974, S. 104 f.)

9. 5.	Zweite Aufführung in Mannheim
5. 6. (?)	Christian Gottfried Körner, später Schillers wichtigster Freund, nimmt anonym Briefkontakt zu Schiller auf.
7. 6.	Brief an Dalberg; Schiller versucht, ihm den *Don Carlos* als „eigentlich ein Familiengemählde in einem fürstlichen Hauße" (NA, 144) schmackhaft zu machen und wirbt um des Intendanten Gunst: die Verlängerung des Vertrags als Theaterdichter steht an.
3. 8.	Iffland, dessen bürgerliche Familienstücke große Erfolge einspielen, macht sich in Gotters Posse *Der schwarze Mann* über den Geniedichter Schiller lustig.
24. 8.	Schiller versucht weiterhin, eine Verlängerung seines Vertrags bei Dalberg zu erreichen; in neu errungenem Selbstbewußtsein betrachtet er jetzt die Selbstinterpretation als Dichter von Familiengemälden als Fehler, „... da die hohe Tragödie ein so fruchtbares Feld, und für mich, möcht ich sagen, *da* ist; da ich in diesem Fache größer und glänzender erscheinen, und mehr Dank und Erstaunen wirken kann, als in keinem andern, da ich hier vielleicht nicht *erreicht,* im andern *übertroffen* werden könnte [...]" (An Dalberg; NA, 155)
Ende Aug.	Dalberg, der Schiller in der Zwischenzeit sogar den „Wink" gegeben hatte, zum Medizinerberuf zurückzukehren, verlängert Schillers Vertrag nicht. Schiller wird damit erneut in finanzielle und berufliche Unsicherheit gestürzt, zumal er noch Schulden aus den vorangegangenen Jahren hat.
11. 11.	Ankündigung der *Rheinischen Thalia;* die Zeitschrift erfüllt Schillers finanzielle Erwartungen nicht
27. 12.	Vermittelt durch Charlotte von Kalb, die Schiller im Mai kennengelernt hatte, verleiht Herzog Karl August von Weimar bei einem Besuch in Darmstadt Schiller den Titel eines Weimarischen Rats.
1785	Die dritte Aufführung von *Kabale und Liebe* in Mannheim wird von Schiller
18. 1.	in der *Rheinischen Thalia* scharf kritisiert.
Mitte März	Körner lädt Schiller ein, nach Leipzig zu kommen; 300 Taler, die Körner an Schiller überweisen läßt, ermöglichen diesem, die Hauptschulden in Mannheim zu tilgen.
9. 4.	Abreise aus Mannheim

1.2 Literarhistorische Voraussetzungen

Schiller hat *Kabale und Liebe* auf dem Titelblatt als „ein bürgerliches Trauerspiel" bezeichnet. Er hat es damit einer Gattung zugeordnet, die 1784 in Mode und relativ jung war. 1755 hatte Lessing mit *Miß Sara Sampson* das erste bürgerliche Trauerspiel in Deutschland geschrieben. Aus den dazwischenliegenden 30 Jahren sind 27 Dramen bekannt, die sich selber „bürgerliches Trauerspiel" nennen, vor allem aus den 60er und 70er Jahren. Die Intensität der Produktion nimmt zwei Jahre nach *Kabale und Liebe* deutlich ab, 1803 erscheint der vorerst letzte Text dieser Gattung. Gutzkow versucht um 1840, die Gattung zu erneuern, ohne den Namen zu verwenden; Hebbel greift mit *Maria Magdalena* ausdrücklich auf die Tradition zurück und schließt sie ab. Ob Hauptmanns *Rose Bernd* in diese Reihe gehört, ob Sperrs und Kroetz' Stücke in jüngster Vergangenheit sie erneuern, ist umstritten.

Die Gattungsbezeichnung ist wichtig. Mit der Wahl einer Gattung übernimmt ein Autor Themen, Formen und Tendenzen der bisherigen Tradition; er kann sie abwandeln, aber er hat sich in ihren Zusammenhang gestellt. Innerhalb der Gattung läßt sich für den Interpreten am sichersten literarische Geschichte in Kontinuität und Wandel ablesen.

Die Gattung „bürgerliches Trauerspiel" hat über diesen allgemeingeschichtlichen Zusammenhang hinaus noch die Eigenart, daß sie schon im Namen eine Verbindung zwischen Real- und Literaturgeschichte herstellt. Schillers bürgerliches Trauerspiel *Kabale und Liebe* scheint demnach ein Drama zu sein, das die soziale Auseinandersetzung des aufstrebenden Bürgertums mit dem feudalabsolutistischen Staat in Deutschland darstellt, ein Drama des bürgerlichen Klassenkampfes mit fatalem Ausgang, der zwiespältigen ökonomischen und politischen Lage des schwachen deutschen Bürgertums um 1780 entsprechend. In dieser Weise ist das Stück auch oft interpretiert worden, von Schillers eigenen Zeitgenossen, in den großen Schiller-Darstellungen zu Ende des vorigen Jahrhunderts wie in der Literaturwissenschaft der DDR.

Doch diese offen soziopolitische Deutung beschreibt an Schillers Stück nur eine Ebene und nicht das ganze Drama. Sie versagt vollends, wenn man mit ihr die Vielzahl bürgerlicher Trauerspiele vor und nach Schiller auf ihre Gemeinsamkeiten hin befragt. So stellt zum Beispiel Lessings *Emilia Galotti* zwar auch einen soziopolitischen Konflikt dar, den zwischen Stadtpatriziat und absolutistischem Hof, aber die Personen gehören alle dem Adel an; Lessings *Sara*, ebenfalls unter Adligen spielend, enthält überhaupt keinen soziopolitischen Konflikt in der Handlung, und eben dies gilt für die Mehrzahl der heute unbekannten bürgerlichen Trauerspiele des 18. Jahrhunderts.

So ist genauer zu bestimmen, was eigentlich „bürgerlich" am „bürgerlichen Trauerspiel" ist. Die Frage ist in der Literaturwissenschaft bis heute umstritten (ein guter Überblick bei Karl S. Guthke 1976). Doch zeichnet sich ein Konsens ab. Er lautet: den bürgerlichen Charakter dieser Stücke bestimmen nicht in erster Linie der soziale Stand des Personals, nicht einmal immer der soziale Stand seiner Autoren (auch dort finden wir Adlige). Bürgerlich sind vielmehr die Moralvorstellungen, die im Stück von den Protagonisten vertreten werden; bürgerlich sind die Beziehungen, die zwischen den Hauptpersonen bestehen und die im Stück problematisiert werden; bürgerlich ist die Lebenssphäre, in der die Stücke spielen. Themen der Gattung sind die familiären Beziehungen zwischen Eltern und Kindern, die vorehelichen Liebesprobleme von Töchtern und Söhnen, die inneren und äußeren Hindernisse auf dem Weg zur Gründung einer neuen Familie. Wieland hat das bürgerliche Trauerspiel 1773 ein „Privat-Trauerspiel" genannt. Eben darin, daß das Private – erstmals – Gegenstand der Tragödie ist, liegt der bürgerliche Charakter dieser Gattung.

Die vorangegangene Tragödie des deutschen Barock und der französischen Klassik war ein Drama der öffentlichen Handlungen und repräsentativen Figuren gewesen. Selbst dort, wo es in ihr um „private" Liebeskonflikte ging, wie zum Teil in der französischen Klassik, lebte das Stück von der Spannung zwischen privater Empfindung und öffentlicher Staatsräson. Repräsentative Geltung beanspruchte der dargestellte Konflikt schon durch die streng geregelte Form der klassizistischen Tragödie. Festgelegt war der Stand tragödienfähiger Personen (nur Könige, Fürsten und hohe Standespersonen), der Charakter tragödienfähiger Themen (nur Haupt- und Staatsaktionen), die Stillage tragödienfähiger Rede (nur Vers und leidenschaftliche, rhetorisch ausgeschmückte Rede, „Pathos") – diese drei Momente in Opitz' bekannter Tragödiendefinition im V. Kapitel seines *Buch von der deutschen Poeterey;* festgelegt war schließlich auch die Präsentationsweise tragödienfähiger Handlungen (die „drei Einheiten" des Orts, der Zeit und der Handlung). Das war ein Regelsystem, das seit der Renaissance für die europäische Dichtung generelle Geltung hatte, das sich an der Antike orientierte (an der Rhetorik und einem schematisierten Aristoteles) und das bereits in der stereotypen Berufung auf Autoritäten (bei oft im Einzelfall beträchtlichen Differenzen in deren Auslegung) seinen normativen und repräsentativen Charakter unterstreicht.

In der klassizistischen Tragödie umfaßt also die sogenannte „Ständeklausel" nicht nur die soziale Stellung der handelnden Personen, sondern legt auch eine soziale Rangfolge der verhandelten Themen fest. Nicht nur Personen bürgerlichen Standes, sondern auch Konflikte bürgerlicher, privater Thematik sind nicht tragödienfähig: Familien- und Geschäftskonflikte gehören ins Lustspiel.

Das erwachende und wachsende Selbstbewußtsein des Bürgertums im 18. Jahrhundert hat diese demütigende Einsperrung seines Standes und seiner Themen in die niedere Gattung des Lustspiels nicht hingenommen. 1731 schreibt Lillo in England das erste bürgerliche Trauerspiel, das einen Kaufmann und die Liebes- und Geldgeschichten seines Neffen und Lehrlings tragisch abhandelt, *The London Merchant;* 1757 und 1758 schreibt Diderot in Frankreich seine „Tragédies domestiques et bourgeoises" *Le Fils naturel* und *Le Père de famille.* In Deutschland geht die Befreiung von den Fesseln der klassizistischen Tragödien in bezeichnender Stufenfolge vor sich. Gottsched und seine Frau haben das klassizistische Konzept bewußt adaptiert, um mit dem Lustspiel überhaupt erst einmal eine eigene literarische Ausdrucksform auf europäischem Niveau für das deutsche Bürgertum zu finden („Sächsische Typenkomödie", 1720/30); Gellert hat diese Form dann von innen aufgewertet, indem er, noch im Lustspielrahmen, ernsthafte und konfliktträchtige Themen aus dem Familien- und Geschäftsleben wählte und sie mit empfindsamer, sentimental-pathetischer Sprache abhandelte („Rührendes Lustspiel", 1740/50); Lessing hat dann 1756 in *Miß Sara Sampson* einen bürgerlichen, nämlich privaten Familienkonflikt in der Form der Tragödie abgehandelt, mit dem Anspruch ernsthaften Leidens und der Würde eines tödlichen Ausgangs. Erstmals in einer deutschen Tragödie spielen hier Stand und öffentliche Stellung der Personen keine konfliktbestimmende Rolle; es wäre für das Stück ohne Folgen, wenn sie nicht dem englischen Landadel angehörten, sondern bürgerlichen Standes wären. Konfliktbestimmend sind ausschließlich ihre privaten, emotionalen Beziehungen, die komplexe Dynamik familialer Bindungen und libidinöser Verstrickungen.

„Bürgerlich" am bürgerlichen Trauerspiel ist das, was uns heute noch allzu leicht als das „Allgemeinmenschliche" erscheint, womit allerdings seine tatsächliche historische Bestimmtheit verdeckt wird: das „bürgerliche Leben" im Gegensatz zum öffentlichen, staatlichen Leben. Zum „bürgerlichen Leben" gehören nach dem Sprachgebrauch des 18. und noch des 19. Jahrhunderts das Geschäfts- und das Familienleben des Bürgers. Das Geschäftsleben spielt im deutschen bürgerlichen Trauerspiel kaum eine Rolle (dafür um so mehr im Lustspiel), wohl aber das Familienleben. Das bürgerliche Trauerspiel in Deutschland ist die Gattung, in der vorzüglich ein zentraler Bereich bürgerlicher Alltagswirklichkeit, die Kleinfamilie, mit ihrer Wertwelt und ihren Konflikten in den Rang tragischer Darstellung gehoben wird.

Es ist diese vermittelte Ebene, auf der das bürgerliche Trauerspiel Teil der bürgerlichen Emanzipationsbewegung im 18. Jahrhundert ist: als Aneignung der hohen Literaturgattung Tragödie für bürgerliche Themen, bürgerliche Konflikte, bürgerliche Lebensbereiche und bürgerliche Kommunikationsformen.

Die Frage nach der „Bürgerlichkeit" des bürgerlichen Trauerspiels fordert somit eine komplexe Antwort. Nicht die offene sozialpolitische Thematik, die Anklage gegen fürstliche Willkürherrschaft von *Emilia Galotti* bis *Kabale und Liebe* macht die primäre politische Dimension der Gattung aus. Dieses Thema kommt im Lauf der Gattungsgeschichte erst hinzu. Der politische Anspruch des bürgerlichen Trauerspiels liegt vielmehr darin, daß der scheinbar so unpolitische Themenbereich privater Familienkonflikte tragödienfähig und damit zu einer Angelegenheit von allgemeinem gesellschaftlichem Interesse, öffentlicher Erörterung und theatralischer Darstellung höchsten Ranges wird, in der es um Tod und Leben geht.

Die vielen bürgerlichen Trauerspiele, die zwischen 1755 und 1803 erschienen sind, enthalten ein weites Spektrum ausgefalteter Familienkonflikte. Innerhalb dieses Spektrums wird eine Konfliktebene schon quantitativ besonders bevorzugt, und sie prägt auch die für das literarische Bewußtsein in Erinnerung gebliebenen „großen" bürgerlichen Trauerspiele von Lessing bis Hebbel: die Vater-Tochter-Problematik. Das besondere Gewicht dieses Themas verdankt sich nicht nur der richtungweisenden Funktion von Lessings *Sara*, sondern einer konkreten sozialhistorischen Umbruchsituation und einer besonderen literarischen Ergiebigkeit des Motivs.

Im sozialgeschichtlichen Kapitel wird auf die Wandlungen eingegangen, die sich in der bürgerlichen Familienstruktur der Zeit abzuzeichnen beginnen: die Gattenwahl der Tochter, der Übergang der jungen Frau von der Hand des Vaters in die des zukünftigen Familienvaters, ist zu einem kritischen Punkt im bürgerlichen Familienkonzept geworden. Was früher selbstverständlich war, durch Herkommen und elterliches Verfügungsrecht geregelt, wird plötzlich problematisch. Die Gattenwahl wird der jungen Frau als freier Akt eigener Entscheidung zugebilligt, aber ihre Autonomie wird zugleich dadurch eingeschränkt, daß ihre Wahl den Prinzipien von Tugend und Vernunft folgen müsse, wie immer diese im einzelnen auch aussehen.

Daß mit der freien Gattenwahl der Tochter ein als neu empfundenes Problem vorliegt, wird von den bürgerlichen Trauerspielen gelegentlich selbst thematisiert, übrigens auch bei Schiller (siehe dazu unten Seite 30). Besonders deutlich wird das in einem heute vergessenen, 1767 aber mit größerem Erfolg aufgeführten bürgerlichen Trauerspiel, *Romeo und Julie* des Modeschriftstellers Christian Felix Weiße (Lessing hat ihn in seiner *Hamburgischen Dramaturgie* angegriffen). Julie versucht dort 5 Akte lang ihr Recht auf ihren Geliebten Romeo gegen ihren Vater durchzusetzen, der für die Forderung, „daß es die Pflicht freundlicher Eltern ist, ihrer Kinder Neigung bei einer so wichtigen Sache [der Heirat] zu Rate zu ziehen", nur fassungsloses Unverständnis hat: „Das wäre ein neues Gebot! Die Pflicht der Kinder ist, zu gehorchen." (*Romeo und Julie*, II,3, S. 257)*.

Kann man im Modell von Weiße noch auf eine Beilegung des Konflikts hoffen, wenn erst einmal alle Väter begriffen haben würden, daß ihr unreflektiertes Pochen auf väterliche Autorität einer vergangenen Zeit angehörte, so macht es den Rang von Lessings und Schillers Stücken aus, daß in ihnen der Vater-Tochter-Konflikt als einer mit der kleinfamilialen, zärtlichen Familienstruktur selbst gesetzter behandelt wird.

Zugleich überschreiten beide Autoren den Rahmen der bloßen Familienproblematik, indem sich ihnen die widersprüchliche Situation der jungen Frau zwischen freier Gattenwahl und Vaterbindung, Selbstbestimmung und Tugendforderungen erweitert zum Grundproblem der bürgerlichen Literatur zwischen Aufklärung und Romantik überhaupt: zur Frage nach den Möglichkeiten und den Grenzen der Autonomie des Individuums. Bei den Frauengestalten bleibt

---

* Christian Felix Weiße, *Romeo und Julie*. Ein bürgerliches Trauerspiel in fünf Aufzügen. In: Deutsche Literatur in Entwicklungsreihen, Reihe Aufklärung, Bd. 15, hg. v. F. Brüggemann. Leipzig 1937

diese Autonomie beschränkt durch Familienkonventionen, durch Tugendpostulat und Vaterbindung. Nur Emilia kann frei sich selbst bestimmen, indem sie das väterliche Tugendgebot zur absoluten Richtschnur ihres Lebens macht und ihr Leben dafür opfert; Sara und Luise hingegen bleiben auf unterschiedliche Weise an ihre Väter gebunden und damit unfrei. Schärfer artikuliert der Liebhaber in beiden Dramen das Autonomiestreben, um ebenso scharf auch seine Grenzen zu markieren, als Haltlosigkeit (Melfont) und als Selbstüberhebung (Ferdinand). In beiden Dramen instrumentieren die männlichen Figuren die Selbständigkeitsbestrebungen der Töchter und erheben sie damit ins Prinzipielle. Zugleich verdecken sie damit allerdings auch das Spezifische der weiblichen Rollenproblematik. Das Leiden der Frauen in einer patriarchalischen Welt wird von den Autoren durchaus ausgefaltet, hat aber am Ende und insgesamt wieder zurückzutreten vor der Dominanz der männlichen Vater- und Liebhabergestalten.

Familienkonvention und Ichautonomie sind die Pole, um die das bürgerliche Trauerspiel seine Personen und ihre Widersprüche in wechselnden Gruppierungen anordnet. Dieser Kernbereich der Gattung ist mit Lessings *Sara* maßstabsetzend gegeben. In *Emilia Galotti* hat Lessing 1772 die Selbstverständigung des Bürgers über Fragen seiner Familienmoral ins Offensive gewandt. Bürgerliche Tugend erhebt sich zur Anklage gegen die sexuelle Unmoral und die Willkürherrschaft des absolutistischen Hofes. Das Thema ist dann im Drama des Sturm und Drang, vom *Götz* bis zu den *Räubern*, emphatisch aufgegriffen worden, wie auch die Familienthematik im Sturm und Drang weiterverhandelt wird, meist aufgespalten in einzelne Aspekte: Vater-Sohn-Motiv *(Räuber)*, Motiv der feindlichen Brüder *(Zwillinge, Julius von Tarent, Räuber)* etc. Das Vater-Tochter-Motiv wird neu mit dem bei Lessing noch nicht entfalteten Motiv der Liebe/ Verführung über die Standesgrenze zwischen Bürgertum und Adel hinweg verbunden *(Urfaust, Soldaten, Kindermörderin)*; es wird dabei sozial konkretisiert und realistisch in die Darstellung kleinbürgerlicher Lebensformen und Mentalität eingebettet.

Schiller führt in *Kabale und Liebe* alle drei Themenkreise: Familienkonflikt, Standesproblem und Absolutismuskritik, noch einmal zusammen. Sein bürgerliches Trauerspiel bildet einen letzten Höhepunkt und den Abschluß der Sturm-und-Drang-Dramatik.

1.3 Sozialgeschichtliche Voraussetzungen

Ein Werk wie *Kabale und Liebe* ist angemessen nur zu verstehen im Zusammenhang mit der Zeit, in der es entstanden ist. Die familialen und Rollenprobleme, die in ihm verhandelt werden, sind auf einer allgemeinen Ebene auch noch unsere Probleme; die besondere Form, in der sie in Schillers Stück erscheinen, gehört dem 18. Jahrhundert an. Nur in der historischen Distanz können wir uns Gesamtanlage und Einzelheiten des Dramas in textgenauer Interpretation erschließen; nur in der identifikatorischen Durchbrechung dieser Distanz wird das Stück, und mit ihm das 18. Jahrhundert, für uns lebendig, als ein Zeugnis aus unserer eigenen Vergangenheit.

Auf die geschichtliche, politische und soziale Situation des 18. Jahrhunderts verweisen nicht nur Schauplätze, Personal, Konfliktfronten und zahlreiche Details, auf sie verweist bereits die Grundkonzeption als „bürgerliches Trauerspiel", die in die Emanzipationsbewegung des Bürgertums im 18. Jahrhundert gehört.

Nun ergeben sich zweifellos Probleme, wenn man die „bürgerliche" Literatur des 18. Jahrhunderts in Deutschland mit dem tatsächlichen Stand der bürgerlichen Emanzipation in Deutschland zusammenzubringen versucht. Deutschland im 18. Jahrhundert – das war ein in seiner Entwicklung gegenüber Westeuropa weit zurückgebliebenes Land: die Grundstruktur war agrarisch, 80% der Bevölkerung lebten auf dem Land, in weitgehender persönlicher Abhängigkeit; die Städte waren klein, ländlich und idyllisch, noch stark von der zünftisch-patrizischen Ordnung des 17. Jahrhunderts bestimmt; die Territorien waren klein bis winzig, und die Fürsten und sonstigen Herrschaften verbrauchten das Geld, oft auch das Blut ihrer Untertanen und erreichten wenig, auch wenn sie sich, selten genug, um Reformen bemühten. Ein starkes Bürgertum fehlte. Große Handelshäuser (groß im internationalen Vergleich) gab es nicht, das Verlagswesen war zwar in bestimmten Regionen weit verbreitet, aber zersplittert. Manufakturen waren selten, und ihr Entwicklungsstand, etwa im Vergleich mit den englischen Tuchfabriken, war niedrig. Deutschlands Weg zur Industrialisierung hatte noch kaum begonnen. (Zu den Einzelheiten vgl. jetzt die gute Zusammenfassung bei Kiesel/Münch 1977; dort weitere Literatur.)

Die Gründe für diese Rückständigkeit Deutschlands sind bekannt: die großen Gewinne aus den überseeischen Kolonien nach der Entdeckung Amerikas waren nach Spanien, den Niederlanden, Frankreich und England geflossen; im Zuge dieser Entwicklung hatten sich die Handelswege von Mitteleuropa nach Westen verlagert, wodurch die wirtschaftliche Blüte Deutschlands im ausgehenden Mittelalter (Hanse und Fugger) unterbrochen worden war; die politische Zersplitterung Deutschlands in über 350 Territorien, unglückseliges Erbe des Mittelalters, hemmte die wirtschaftliche und soziale Entwicklung; der 30jährige Krieg hatte zusätzliche Wunden geschlagen, von denen sich die betroffenen Landstriche erst sehr langsam wieder erholten.

Doch so zurückgeblieben Deutschland auch erscheint, wenn man es an England oder Frankreich mißt, es war nicht einfach abgekoppelt von der Entwicklung zur Industrialisierung, zur Vorherrschaft des Geldes über die Personalbeziehungen, zur Übermacht des Bürgertums über den Adel und zur Ausbildung moderner staatlicher Formen. Die Entwicklung vollzog sich in Deutschland nur vorerst verlangsamt, unter besonderen, erschwerten Bedingungen. Aber die gesellschaftlichen Umwandlungen und ökonomischen Fortschritte, die Deutschland unter Führung Preußens im 19. Jahrhundert zur gleichberechtigten Industriemacht in Europa anwachsen ließen, bereiteten sich im 18. Jahrhundert mit langsam zunehmender Geschwindigkeit vor. Allmählich wuchsen die Handelshäuser in den Städten Leipzig, Hamburg, Bremen und Frankfurt, allmählich gewannen die Manufakturfabrikanten in Schlesien, Augsburg, an Wupper, Ruhr und anderswo an ökonomischer Potenz und an Selbstbewußtsein. Gegen Ende des 18. Jahrhunderts gab es in Frankfurt/Main die ersten Guldenmillionäre, hatte das Haus Rothschild dort den Grundstein zu seinem Aufstieg im 19. Jahrhundert gelegt, wurden in Deutschland die ersten „Industriekönige" wie die von der Leyens in Krefeld oder die Familie Schüle in Augsburg bewundert (in kleinerem Format: Bertuch in Weimar). Gegen Ende des Jahrhunderts erschütterten aber auch die ersten großen Bankkrisen in Hamburg die Hansestadt und führten zu erheblichen Vermögensverlusten bei einer Vielzahl von mittleren Bürgern, Kaufleuten, Beamten und Handwerkern, in vielen Städten Norddeutschlands und Preußens.

Denn in der 2. Hälfte des Jahrhunderts stiegen nicht nur einzelne Handelshäuser und Fabrikherren auf; auch auf breiter Ebene bildete sich in den Städten, vor allem in den Residenzstädten, langsam eine neue „bürgerliche" Schicht von Juristen, Ärzten, Professoren, Pfarrern, städtischen und territorialstaatlichen Verwaltungsbeamten etc. heraus, die sich vom alten, zünftisch-ständischen Bürgertum der Kaufleute und Handwerker abhob, leistungs-, aufstiegs- und bildungsorientiert war. Zusammen mit aufgeklärten Literaten, Gelehrten und Künstlern bildeten sie faktisch und in ihrem Bewußtsein eine „Avantgarde, die nach Selbstverständnis und Zusammensetzung die alten Standesschranken transzendierte, um sich allerdings gleichzeitig nach unten gegen die unterbürgerlichen Schichten (den ‚Pöbel') abzuschließen" (Kiesel/Münch 1977, S. 54).

Schillers Bildungsweg liefert für diese neue Schicht anschauliche Belege. In Württemberg herrschte mit Karl Eugen ein Bilderbuchfürst des voraufgeklärten Absolutismus: rücksichtslos, verschwenderisch und den Staat als Vorratskammer für die Erfüllung der eigenen Wünsche und Bedürfnisse auffassend. Ihm wurden Schranken gesetzt durch eine, für Deutschland ungewöhnlich starke, selbstbewußte, aber historisch rückwärtsgewandte Ständevertretung, die „Landschaft", die 1730 mit Hilfe ausländischer Mächte die willkürlichsten Übergriffe des Herzogs unterbinden konnte. Aber der gleiche Karl Eugen gründet und betreibt auch die „Hohe Karlsschule", in der Adlige und Bürgerliche zwar sozial, beim Essen und Schlafen, getrennt, doch schulisch den gleichen Leistungsanforderungen unterworfen und von aufklärerischen Lehrern auf die Höhe der zeitgenössischen Bildung gebracht werden, und aus der Literaten wie Schiller, Künstler wie Dannecker und eine Vielzahl von künftigen Ministern, Geheimen Räten, Staatsräten und hohen Beamten hervorgehen.

So sind im 18. Jahrhundert, wenn man von „Bürgertum" spricht, zwei ganz verschiedene Gruppen systematisch auseinanderzuhalten. Auf der einen Seite stehen die Vertreter des alten, ständischen Bürgertums in den Städten, wie es sich seit dem 13. Jahrhundert herausgebildet hatte. Es umfaßte das handwerkliche und kaufmännische Kleinbürgertum und reichte bis in den Bereich der städti-

15

schen Beamten, Honoratioren und des Patriziats. In Württemberg hatte diese „städtische Ehrbarkeit" eine starke Position in der „Landschaft". Auf der anderen Seite stehen die Vertreter eines neuen, liberalen Bürgertums – noch zu schwach und zu sehr an den feudalabsolutistischen Staat gebunden, um politisch gegen ihn zu opponieren, aber entwickelt genug, um ideologisch und ökonomisch eine eigene Sphäre bürgerlicher Öffentlichkeit herauszubilden, in der die Widersprüche der verschiedenen Gruppen innerhalb der politischen Herrschaft des Absolutismus zumindest literarisch und publizistisch vermittelt und zum Ausdruck gebracht werden konnten.

Diese neue Schicht der „Bürgerlichen" trug vor allem den literarischen Markt, der im 18. Jahrhundert entstand (hierzu besonders Kiesel/Münch 1977) und einem Autor wie Schiller nahelegen konnte, eine Existenz allein als Theaterdichter zu wagen. Hier war die Bezugsgruppe, für die Lessing und Schiller ihre „bürgerlichen Trauerspiele" schrieben: das sich ausformende Bildungsbürgertum mit seinen männlichen und, vor allem, weiblichen Lesern und Theaterbesuchern: eine Gruppe, stark genug, um Erfolge wie die des *Götz*, des *Werther* und der *Räuber* zu ermöglichen, aber zu klein, um deren Autoren die Existenz als „freie Schriftsteller" zu ermöglichen (Jean Paul war der erste, der wirklich von seiner Feder leben konnte), dazu ohne den Rückhalt und die Perspektive eines breiten, ökonomisch potenten und politisch selbstbewußten Handels- und Fabrikbürgertums, vielmehr vielfach gebunden an den absolutistischen Staat und gefangen in den Grenzen der engen deutschen Territorien.

Die Beschränkung der Gattung „bürgerliches Trauerspiel" auf die moralische und politische Ebene (unter Ausklammerung der wirtschaftlichen, wie sie in Lillos *Kaufmann von London* vorgegeben war); die Zwiespältigkeit einer Figur wie des „bürgerlichen" Intellektuellen Ferdinand; das Einmünden des sozialen und politischen Konflikts in die Ebene moralischer Schuldproblematik und privater Vater-Sohn-Beziehung in *Kabale und Liebe*: das alles sind Merkmale der zwiespältigen gesellschaftlichen Situation, in der und für die Schiller sein Drama geschrieben hat.

Aber nicht nur das Entstehen bzw. Relevantwerden neuer gesellschaftlicher, in die Zukunft blickender Gruppen mit liberaler Ideologie und die Herausbildung des literarischen Marktes gehören zu den Konstitutionsbedingungen von Schillers *Kabale und Liebe;* Schillers Drama wie die Gattung, der es angehört, und wie Moral und Menschenbild der gesamten Literatur seit der Aufklärung sind nur verständlich, wenn man die Wandlungen in der Familienstruktur einbezieht, die im 18. Jahrhundert relevant wurden. In der Schicht der neuen „Bürgerlichen" wird die ältere Form der „großen Haushaltsfamilie" durch die neue Form der bürgerlichen „Kleinfamilie" abgelöst.

Die gesamtgesellschaftliche Durchsetzung der bürgerlichen Kleinfamilienstruktur ist ein sehr langer Prozeß, der erst im 19. Jahrhundert an wirklicher Breitendynamik gewinnt. Doch innerhalb dieser Gesamtentwicklung findet im 18. Jahrhundert offenbar eine erkennbare Zäsur statt.

Das wichtigste Merkmal der Familienstruktur des Mittelalters, wie sie bis ins 19. Jahrhundert hinein im Adel, im zünftischen Bürgertum und in der Bauernschaft herrschte, war die prinzipielle Einheit von Arbeits- und Wohnbereich. Werkstatt oder Stall, Küche, Wohn- und Schlafraum lagen unter einem Dach, oft wohnten Gesellen, evtl. Gesinde, dazu Großeltern und andere Anverwandte mit im gleichen Haus.

Große Haushaltsfamilie

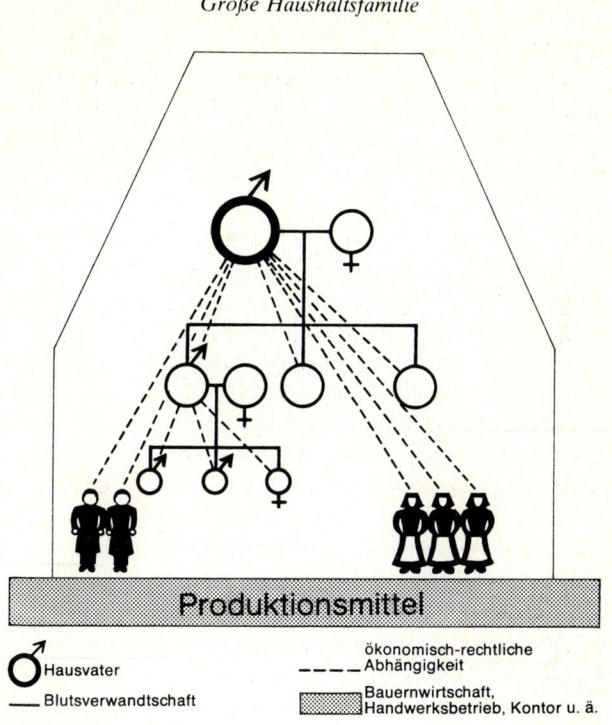

(aus: Weber-Kellermann 1974, S. 15)

In der bürgerlichen Kleinfamilie liegt die Arbeitsstelle des Vaters, Werkstatt, Kontor oder Büro, außerhalb des Hauses; Wohn-, Eß- und Schlafräume bilden einen eigenen Bereich.
Diese Trennung von Arbeits- und Familienleben hat weitreichende Folgen. Die Kinder werden nicht mehr im Zusammenhang der Arbeitswelt aufgezogen, sondern im Schoß der Familie; die Frau arbeitet nicht mehr in der Werkstatt oder im kleinen Laden mit, sondern wird auf den enger werdenden Familienbereich beschränkt: Haushalt und Kindererziehung werden ihre vordringlichen, bald ausschließlichen Aufgaben. Entsprechend der Absonderung vom Arbeitsbereich, und bald auch zur Kompensation von dessen wachsender Versachlichung, bildet

17

sich innerhalb der Familie größere Intimität heraus. Die Kindererziehung wird zum eigenen Problem, sie wird emotionalisiert und intimisiert: daß Kinder nicht kleine Erwachsene sind, sondern eigene Wesen mit besonderen Bedürfnissen nach Schutz und Zuwendung, die „Entdeckung der Kindheit" wird im 18. Jahrhundert überhaupt erst aktuell (vgl. Ariès 1976).

Kleinfamilie

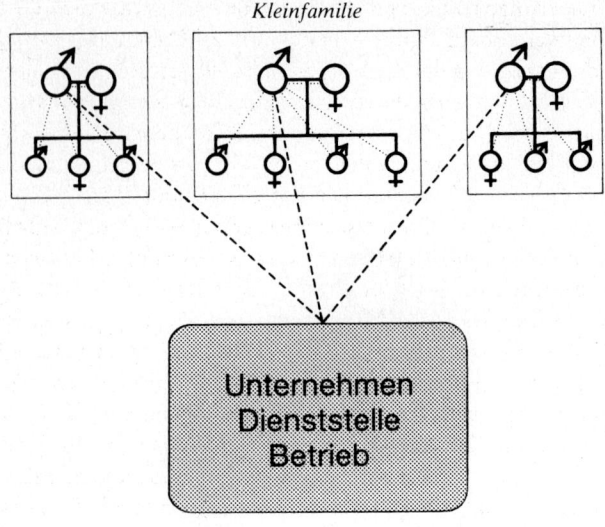

(aus: Weber-Kellermann 1974, S. 16)

Das führt zu einer wachsenden Rollentrennung zwischen strengem Vater (zuständig für den Außenbereich) und liebend-gewährender Mutter (zuständig für Nestwärme und Kindererziehung). Die Frau bekommt damit die alleinige Verantwortung über den aus dem gesellschaftlichen Arbeitszusammenhang ausgesonderten Raum „Familie" zugewiesen, sie muß ihn faktisch, vor allem aber emotional zusammenhalten, und der Mann „draußen im feindlichen Leben" muß sich darauf verlassen können, daß „drinnen" die Hausfrau „züchtig waltet". Denn das patriarchalische Prinzip, die Vorherrschaft des Mannes in der Familie, ist in der Kleinfamilie nicht etwa aufgegeben, sondern eher noch verstärkt. Die Dominanz des Mannes und seiner Autorität ist jetzt auch in seiner Abwesenheit zu sichern, und das führt zur Herausbildung neuer psychischer Strukturen. Die Vermittlung der gesellschaftlichen Wertvorstellungen, wie sie die Kindererziehung bedeutet, muß jetzt im von der Gesellschaft abgeschlossenen Raum Familie vorsichgehen; die Kinder lernen nicht mehr durch Nachahmung im lebendigen Kontakt mit der Arbeits- und Lebenswelt der Erwachsenen, sondern sie lernen durch Verinnerlichung von Werten, die die Mutter repräsentiert. Nur in der Kleinfamilie konnte sich gesamtgesellschaftlich der neue Ich-Typ des industriellen Zeitalters herausbilden, der innengeleitete, auf Triebsublimierung und Selbstbestimmung ausgerichtete Unternehmer, höhere Beamte, Selbständige etc.

„Vertrauen" zwischen den Ehegatten wird in dieser Familienstruktur zur Voraussetzung einer Ehegründung, und das heißt, daß die Ehe nicht mehr vorwiegend nach wirtschaftlichen und ständischen Gesichtspunkten, also nach Anweisung der Eltern geschlossen werden kann, sondern aus freier Wahl der Partner, auch der Frau erfolgen muß. Freiheit der Gattenwahl ist der zentrale Punkt – allerdings auch der einzige Punkt –, in dem die Frauen im 18. Jahrhundert (und später) an der Forderung der Aufklärung nach Selbstbestimmung des Menschen teilhaben. Entsprechend ist die Emanzipationsbewegung des Bürgertums im 18. Jahrhundert begleitet von einer Flut von Mädchenerziehungsschriften, die allesamt die prinzipielle Freiheit der Partnerwahl voraussetzen, und diese Freiheit zugleich durch eine Unsumme von Ratschlägen und Vorschriften zu kanalisieren versuchen. Denn das Interesse der neuen bürgerlichen Schichten gilt nicht der Emanzipation der Mädchen und Frauen, sondern dem Funktionieren ihrer zentralen Sozialisationsform, der Familie, und dazu war zwar der freiwillige Akt der Partnerwahl durch die Frau unabdingbar, aber zugleich mußte sichergestellt sein, daß sie ihre Freiheit nicht mißbrauchte, daß also zwei mögliche Fehlentscheidungen vermieden wurden: das Mädchen durfte seinen einzigen Akt freier Entscheidung nicht als Schritt in sexuelle Freiheit mißbrauchen, es mußte tugendhaft sein, und: es mußte seine Wahl „vernünftig" treffen, also einen in möglichst vieler Hinsicht passenden Ehepartner aussuchen, und nicht z. B. einen Tunichtgut, Faulen oder Geldverschwender. „Tugend" und „Vernunft" sind die Werte, über die die männlich-patriarchalische Gesellschaft ihre Aufsicht auch über die notwendig gewordene freie Liebeswahl der Frau auszuüben sucht. Für beide Werte stand in der Familie der Tochter der Vater, wie in der Familie der späteren Ehefrau der Gatte. Der „autonome" Akt der Liebesentscheidung ist nicht nur auf einen Punkt oder engen Zeitraum eingeengt als Übergang von einer Bindung in eine andere, sondern seine prinzipielle Autonomie und Freiwilligkeit steht zugleich unter den inhaltlichen Einschränkungen von Tugend und Vernunft.

Es ist dieser Widerspruch, der die erzieherische Mädchen- und Frauenliteratur im 18. Jahrhundert hervortreibt; es ist dieser Widerspruch, der das Konfliktmuster des bürgerlichen Trauerspiels abgibt; es ist dieser Widerspruch, der die Rolle bürgerlicher junger Frauen vom 18. Jahrhundert bis heute entscheidend prägt und das Rollenkonzept des „bürgerlichen Trauerspiels" auch heute noch aktuell sein läßt.

2 Wort- und Sachkommentar

(*Kabale und Liebe* wird zitiert nach der Reclam-Ausgabe RUB 33 [vgl. Literaturverzeichnis] mit Seitenzahl/Zeilenzahl)

1 /2 *Kabale:* Intrige; urspr. hebräisch: kabbala = Überlieferung, Geheimlehre; daraus entwickelte sich franz. cabale (seit 1630 im Deutschen gebräuchlich)

3 /2 *Präsident:* Hofbeamter der Hofkanzlei, hier: Ministerpräsident, Premierminister; nur Adlige durften im 18. Jahrhundert Hofbeamte werden; /4 *Major:* unterster Stabsoffizier; auch die Offiziersränge waren im 18. Jahrhundert dem Adel vorbehalten; /5 *Hofmarschall:* Hofbeamter der Hofkammer, für die Verwaltung des fürstlichen Haushalts und für das Hofzeremoniell zuständig; versieht seinen Dienst in der unmittelbaren Umgebung des Fürsten; /6 *Favoritin:* derzeit begünstigte Geliebte, offizielle Begleiterin des Fürsten; /7 *Haussekretär:* Privatsekretär; /8 f. *Stadtmusikant, Kunstpfeifer:* vgl. unten S. 25; /12 *Kammerjungfer:* Kammerfräulein (bürgerlich), gehört zur Hofdienerschaft; persönliche Dienerin einer hochgestellten Dame; Voraussetzung: gewisser Bildungsgrad, Fertigkeiten im Frisieren, Maniküren und Schminken; /13 *Kammerdiener:* Diener (bürgerlich) aus der unmittelbaren Umgebung des Fürsten

Die (adligen) Hofbeamten der Hofkanzlei, der Hofkammer und des Hofkammergerichts bildeten zusammen mit der (bürgerlichen) Hofdienerschaft den eigentlichen Hofstaat eines absolutistischen Fürsten. Familie Miller repräsentiert das hofunabhängige Stadtbürgertum der Residenzstadt.

5 /10 f. *ich biete dem Junker aus:* ich verbiete dem Junker das Haus; /17 *koram nehmen:* zur Rede stellen, Vorhaltungen machen; /20 *Wischer:* Verweis; /32 *als:* schwäbisch: alles

6 /3 *eins:* ein Kind; /16 *Rodney:* Georges Brydges Rodney (1718–1792), brit. Admiral im engl.-frz. Kolonialkrieg; /20 *Billetter:* Briefchen (Eindeutschung); /21 *als:* oberdt.: immer; /35 *Witz:* im 18. Jahrhundert noch Geist, Verstand; so vielfach im Text. Hier ironisch in der Bedeutung: du hast den Sinn erfaßt; /38 *Bellatristen:* Belletristen, Romanschriftsteller; /40 *als für:* schwäbisch: alles für (vgl. 5/32)

7 /1 *Alfanzereien:* dummes Zeug; *spanische Mucken:* spanische Fliegen, eines der wirksamsten Aphrodisiaca; /28 *geschmeckt:* oberdt.: gerochen; /31 *disguschtüren:* = disgustieren, den Geschmack verderben (Verballhornung)

8 /5 *Sekertare:* = Sekretare, Sekretarius (Verballhornung); /7 *Frau Base:* Anrede unter guten Bekannten (vgl. 9/22, Vetter); /8 *Kavaliersgnade:* Adliger; /18 *Mamsell:* von frz. Mademoiselle; im 18. Jh. Bezeichnung und Anrede ehrbarer bürgerlicher Mädchen

9 /9 *barrdu:* frz. partout, umgangsspr. durchaus; /10 *Madam:* im 18. Jahrhundert Bezeichnung und Anrede für eine hochgestellte verheiratete Frau (Bürger und Adel); /22 *Herr Vetter:* vgl. 8/17, Base; /32 *poussieren:* (frz. pousser, stoßen, fördern) im 18. Jahrhundert: aufsteigen

10 /12 *Konsens:* Einwilligung. Die schriftliche Einwilligung beider Eltern war nötig (württemberg. Landrecht)

11 /6 *Obligation:* hier ironisch im Sinne von: Ich bin Ihnen zu Dank verpflichtet; /10 *Operment:* frz. orpiment (Auripigment), Schwefelarsenik; /11 *konfiszierter:* polizeiwidrig; reif, konfisziert zu werden; /30 *räsonieren:* nörgeln; /32 *Matress':* Mätresse, Geliebte des Fürsten (Verballhornung)

12 /22 *gottlosen Lesen:* Lektüre der Belletristen (vgl. 6/38); /25 *schlechtes:* schlichtes, einfaches; /31 *wär' es ein Veilchen:* vgl. Goethes Gedicht *Das Veilchen* (1775 in *Erwin*

und Elmire), das bis 1783 mehrfach vertont wurde (Mozart 1789)

13 /31 *Planke:* Gartenzaun (nach Grimm, Deutsches Wörterbuch, Bd. 7)

15 /9 *Riß:* Grundriß, Plan; /14 *Landeswucher:* schrankenlose Ausbeutung des Landes für den absolutistischen Fürsten

16 /10 *Attachement:* (frz.) Liebeshandel; /14 *Bürgerkanaille:* bürgerliches Gesindel; /15 *Flatterien:* (frz.) Schmeicheleien

17 /1 *Skortationsstrafe:* hier: im Sinne von „Kranzgeld" (Entschädigung für ein verführtes Mädchen); /24 f. *Karolin:* pfälzische Goldmünze; /26 *Mariage:* (frz.) Ehe; /28 *Aufwärter:* Diener, Kellner

18 /26 *Kugeln schleifen:* als Gefangener Kette und Kugel hinter sich herschleifen

19 /6 *Schröter am Faden:* Hirschkäfer am Faden (Kinderspiel); /14 *Kammerherrnschlüssel:* auf die Kleidung gesticktes Symbol für das Amt des Kammerherrn (Schlüsselgewalt); /15 *Chapeaubas:* (frz.) niedriger Hut mit dreieckiger Krempe, den man meist unterm Arm trug; *frisiert à la Hérisson:* (frz.) wie ein Igel; gepudertes und zu beiden Seiten hochgekräuseltes Haar (modische Frisur der Zeit); /17 *Bisamgeruch:* Bezeichnung für Moschus (Parfümgrundlage); /23 *Lever:* (frz.) Aufstehzeremonie absolutistischer Herrscher

20 /15 *Merde d'Oye-Biber:* (frz.) Rock aus gänsekotfarbenem, langhaarigem Wollstoff, der dem Biberfell ähnlich war

21 /32 *Romanenkopf:* Phantast

23 /7 *Schandsäule:* Schandpfahl, zur öffentlichen Bestrafung, besonders von Frauen mit unmoralischem Lebenswandel; /22 *Distinktion:* Auszeichnung

25 /22 *Stolz deines Englands:* vgl. 33/40

26 /20 *Assemblee:* (frz.) Gesellschaft; /21 *l'Hombre:* span. Kartenspiel für drei Personen; /31 *Filet:* (frz.) weibliche Handarbeit (Knüpftechnik); /33 *Sackuhren:* Taschenuhren

27 /16 *Saft von zwei Indien:* edelste Säfte (Gewürze) aus Ost- und Westindien; /17 *ruft Paradiese aus Wildnissen:* Herzog Karl Eugen hatte 800 Morgen Land roden lassen, um sein Lustschloß Solitude erbauen zu können. Es war von einem großen Park mit Springbrunnen, Marmorstandbildern und Gewächshäusern umgeben, über die seit 1777 Schillers Vater die Oberaufsicht führte. Verschwenderische Feuerwerke wurden immer wieder abgebrannt; /23 *exequieren* (lat.): gewaltsam hinführen, zwingen

31 /13 *Landschaft:* Vertretung der Stände in Württemberg, hier: Versammlungsgebäude oder Kasse

33 /10 *der Staat gab mir ihn:* Ferdinand vertritt den aufklärerischen Gedanken von der Überordnung des Staates über die Person des Fürsten; /40 *freigeborene Tochter des freiesten Volks:* bezieht sich auf die fortgeschrittenere politische Entwicklung des Bürgertums in England

34 /36 *Thomas Norfolk:* Thomas Howard, Herzog von Norfolk, geb. 1536; Günstling Königin Elisabeths I., 1572 hingerichtet, nachdem er vergeblich versucht hatte, Maria Stuart zu befreien

35 /12 *Hamburg:* freie Reichs- und Handelsstadt, enge Handelsbeziehungen zu England; /13 f. *das bißchen Französisch – ein wenig Filet und den Flügel:* bezeichnend für höhere Mädchenbildung im 18. Jahrhundert, wie sie auch in den gehobenen Kreisen des Bürgertums üblich wurde: Französisch als Sprache der Gesellschaft, Filet als feine Handarbeit, die weibliche Beschäftigung, nicht aber (Lohn-) Arbeit demonstriert, Klavierspiel und Gesang als Beitrag zur Unterhaltung. Vgl. dazu Millers Bildungswünsche für Luise 100/4 ff.; /40 *Emilie:* Emilie Milford, angenommener Name, vgl. 84/34 Johanna Norfolk, Geburtsname

38 /14 *Konvenienzen:* überkommene Anschauungen

39 /35 *rekommendiert:* (frz.) empfohlen; /37 *Rohr:* spanisches Rohr, Spazierstock; „Waffe" des Bürgers (Privileg des Adels ist das Waffentragen)

43 /34 *Versicherungen:* Eheversprechen

44 /35 *Mähre:* hier: liederliches Frauenzimmer
45 /15 *Promemoria:* (lat.) Gesuch, Eingabe; /22 *Zuchthaus:* Straf- und Besserungsanstalt (durch körperliche Züchtigung und Arbeit; vgl. 62/29 Spinnhaus als Strafanstalt für Frauen); mit der Herausbildung des modernen Staates seit dem 17. Jahrhundert in Europa nachweisbar
46 /5 *Leibschneider:* für die persönliche Kleidung des Fürsten zuständig; /21 *spanisches Rohr:* vgl. 39/37; /24 *seinen Orden entblößend:* Zeichen seiner Machtstellung und Befehlsgewalt; /27 *das eiserne Halsband:* Fessel am Pranger
47 /23 *Pasquill:* (ital.) Schmähschrift; /34 *Portepee:* (frz.) silberne oder goldene Quaste am Offiziersdegen, Ehrenzeichen
49 /20 *Akademien:* Universitäten oder universitätsähnliche Institute (vgl. die Gründung wissenschaftlicher Akademien im Zeitalter des Absolutismus, die primär zur Ausbildung der Landeskinder und Vorbereitung auf die Beamtenlaufbahn dienten)
50 /19 *Piquet:* frz. Kartenspiel für zwei Personen; /25 *Roman:* Liebesgeschichte
51 /1 *Gran:* frühere kleine Gewichtsstufe, Apothekergewicht; /17 *Billetdoux:* (frz.) Liebesbrief; /30 *Halsprozeß:* Prozeß um Leben und Tod
52 /17 *körperlichen Eid:* der Körper verfällt der Justiz, wenn der Eid gebrochen wird
53 /2 f. *Eau de mille fleurs:* (frz.) Parfüm; /4 *Delikatesse:* Zartgefühl; /30 *Opéra Dido:* Prunkoper von Jomelli (1714–1774) und Metastasio (1698–1782); Jomelli war zur Zeit Schillers Hofkapellmeister in Stuttgart, die Oper wurde wiederholt aufgeführt; /36 f. *poussiert:* (frz.) vgl. 9/32, hier: emporbringt
54 /33 *Oberschenk:* Hofbeamter, für die Getränke zuständig
55 /3 *den ersten Englischen:* der englische contre-dance oder country-dance war zu Beginn des 18. Jahrhunderts nach Frankreich gekommen und durchbrach mit seinem gelösteren Stil die strenge Tradition der französischen Tänze (Menuett und Gavotte); /11 *Kammerjunker:* Laufbahn des Hofbeamten: Kammerpage – Kammerjunker – Kammerherr; /12 *Redoutensaal:* Ballsaal; /19 *Malice:* (frz.) Bosheit
56 /39 *Stuttierter:* Hinweis auf die Ausbildung des Präsidenten: auch er hat, wie später sein Sohn, eine Universität oder Akademie besucht
57 /18 *Mort de ma vie!:* (frz.) Ich will des Todes sein!; /25 *Visiten:* Höflichkeitsbesuche; /26 *Importance:* (frz.) Wichtigkeit
61 /31 *Schandbühne:* Pranger
62 /6 *Turm:* Gefängnis; /29 *Spinnhaus:* Zuchthaus für Frauen (vgl. 45/22); /32 f. *Vorsicht:* Vorsehung; /34 *Zeitung:* Neuigkeit
63 /2 *Eulengesang:* Eulenruf, der Unheil voraussagt
64 /34 *Supplikantin:* (lat.) Bittstellerin
66 /7 *Argus:* vieläugiger Riese mit Wächterfunktion (griech. Sage)
68 /13 *Pharotisch:* Pharo (oder Pharao): Glücksspiel
70 /34 *Wall:* Festungswall um die Stadt; also jenseits der städtischen Gerichtsbarkeit
71 /19 *ein Tübinger Buchhändler:* Anspielung auf das im 18. Jahrhundert verbreitete Raubdruckwesen; die Tübinger Verleger Schramm und Frank waren besonders berüchtigt
72 /5 *Bicêtre:* Irrenhaus bei Paris
75 /1 *Ein sehr prächtiger Saal:* Ort und Kleidung der Lady sind besonders prunkvoll, um der erwarteten Bürgerstochter zu imponieren; /29 *Heiducken:* Diener in einer ungarischen Tracht
77 /1 *offene Bildung:* Gesichtsbildung, Gesichtszüge
78 /11 *Promessen:* (lat./frz.) Versprechungen; /12 *Stand:* Berufsstand; /13 *Manieren und Welt:* gutes Benehmen, Umgangsformen
80 /18 *Kondition:* Stelle, Anstellung
83 /33 *Serenissimus:* Durchlauchtigster
84 /4 f. *distrait:* (frz.) zerstreut; /7 *Vauxhall:* (engl.) Gartenfest, genannt nach dem Dor-

fe V. bei London, wo sich eine berühmte Vergnügungsstätte für die vornehme Gesellschaft befand (Vauxhall-Gardens). Damals eine übliche Bezeichnung für Ballveranstaltungen; /8 *teutsche Komödie:* hier: Theateraufführung; /12 *Garderobe:* hier: Dienerschaft; /34 *Johanna Norfolk:* Rückgriff auf den fürstlichen Geburtsnamen und damit Zeichen für den Bruch mit dem Herzog

85 /6 *Ciel:* (frz.) Himmel; /18 *Disgrace:* (frz./engl.) Ungnade; /21 *Schatulle:* Kasse mit Bargeld; /36 *Loretto:* (Loreto) ital. Wallfahrtsort

86 /12 *auf allen Toren:* alle Aus- und Eingehenden mußten die Stadttore passieren

88 /28 *Tod ein Gerippe . . . holder niedlicher Knabe:* vgl. dazu Lessings „Wie die Alten den Tod gebildet"

92 /35 *seinen Witz . . . kitzeln:* vgl. 6/35, hier: seinen Geist noch belustigen

95 /33 *akkordierten:* (frz.) vereinbarten

99 /28 *Numero fünfe Dreikönig:* teure Tabakmarke; /29 *Dreibatzenplatz:* billigster Platz im Theater

100 /7 *Kidebarri:* Cul de Paris („Pariser Steiß"), Polster oder Reifgestell zur Hebung der Rückenlinie bei Damenkleidern

101 /25 *akkompagnieren:* (frz.) auf der Flöte begleiten; /26 *Fortepiano:* hier: Hammerklavier; /27 *Pantalon:* Vorläufer des Hammerklaviers, dessen Name auf dieses überging (Erfinder: Pantaleon Hebenstreit)

102 /19f. *Galanterien:* (frz.) erotische Tändeleien

103 /34 *Schärpe und Degen:* Zeichen des Offiziers

105 /20 *Flor:* Trauerflor

3 Struktur des Textes

Der Stücktitel „Kabale und Liebe"

Das Stück war von Schiller als *Louise Millerin* geplant, entsprechend der Tradition der bürgerlichen Trauerspiele, die seit Lessings *Miß Sara Sampson* gern die Hauptheldin im Titel führten. Offenbar erst während des Druckes, Ende Februar 1784, hat Schiller es in *Kabale und Liebe* umbenannt, wohl auf einen Vorschlag Ifflands hin, der seit 1779 in Mannheim Schauspieler war und den Doppeltitel, einer Zeitmode folgend, für zugkräftiger halten mochte.

„Ein bürgerliches Trauerspiel"

Zur Gattungsbezeichnung siehe oben Seite 9 ff.

Personenverzeichnis

Personenverzeichnisse können aussagekräftig sein. In ihnen spiegeln sich oft bereits Zuordnungen und Machtverhältnisse des Stücks, Denkgewohnheiten und Vorannahmen des Autors. Das Personenverzeichnis von *Kabale und Liebe* ist ständisch aufgebaut (die Personenverzeichnisse von Lessings *Sara* und *Emilia* waren es nicht): an der Spitze steht der Repräsentant des Fürsten, es folgen die Adligen am Hof und der bürgerliche Hofbeamte, dann erst der freie Bürger mit Frau und Tochter, nach ihnen nur noch Bedienstete und namenlose Nebenfiguren. *Kabale und Liebe* erweist sich auf den ersten Blick als ein Stück über das Bürgertum im Absolutismus.

Die eigentliche Spitze des absolutistischen Staates, der Fürst, tritt nicht selber auf, ist aber allgegenwärtig. Dreimal wird er ausdrücklich genannt, gleich eingangs als einer von vielen, was auf den exemplarischen Charakter der hier geschilderten Zustände verweist. Alle Personen außer der Bürgersfamilie und den Nebenfiguren stehen explizit in direkter oder vermittelter persönlicher Abhängigkeit zu ihm. Sie werden zugleich mit unterschiedlichen Funktionsbezeichnungen aufgeführt, die ein breites Spektrum des absolutistischen Herrschaftssystems entwerfen: auf der einen Seite die staatlichen Instanzen, Regierung und Militär, auf der anderen Seite das Privatleben des Fürsten mit Kammerpersonal und Mätresse, die in ihrer öffentlichen und prinzipiell auswechselbaren Position als „Favoritin" zeigt, wie wenig in dieser Welt unsere heutige, bürgerliche Trennung von Privatleben und Öffentlichkeit zutrifft. Dazwischen die vermittelnde Institution des Hofes, so umfangreich, daß sie einen eigenen Marschall an der Spitze benötigt. „Am Hofe" auch der regierende Premierminister; dieser hält sich in Wurm eine eigene Kreatur, in deren Tätigkeit private Hausmachtpolitik und öffentliche Verwaltungsfunktionen unentwirrbar ineinanderspielen. In der Stufung von Fürst, Regierung, Militär, Hofhaltung, Mätresse und Kammer erscheint der absolutistische Hof in seiner wirklichen Gestalt: als alles umfassende Einheit von persönlicher Machtentfaltung eines einzelnen und ausgefaltetem hierarchischem Regierungssystem.

Erst nach dem Adel werden die Vertreter des dritten Standes aufgeführt, obwohl sie die eigentlichen Handlungsträger des Stückes sind. Formell ohne direkte Abhängigkeit vom Hof, sind sie doch ganz von ihm umstellt, auch optisch doppelt gerahmt vom höfischen

Laster (der fürstlichen Mätresse und ihrer Dienerin) und vom fürstlichen Herrschafts- und Dienstpersonal.

Die Gruppe der Bürgerlichen verdankt ihre Geschlossenheit ihrem Auftreten als Familie. Außerhalb der Familie geht der Zusammenhalt verloren: oben sucht der bürgerliche Aufsteiger seinen Posten beim höfischen Präsidenten, unten das Kammermädchen seine Versorgung in der Equipage der Lady.

Die Adligen werden vorweg durch Titel und Funktion am Hof definiert, die Bürgerlichen durch ihre Namen.

Auffällig ist die langatmige Berufsbezeichnung bei Miller. Die doppelte Benennung spielt zwischen sozialer Funktionsbezeichnung und reiner Berufsbeschreibung. Sein sozialer Ort ist nicht, wie bei den anderen Funktionsträgern, der Hof, sondern die bürgerliche Stadt. Diese Stadt ist nicht isoliert, sondern steht in einer Reihe mit vielen anderen, ähnlich strukturierten „Orten". An „einigen" von ihnen nennt man die Stadtmusikanten Kunstpfeifer. Das weiß man, und es ist wichtig, es zu sagen. Eine breite, über das Land verstreute, überall ähnlich strukturierte und doch jeweils individuell abgeschattete bürgerliche Kultur wird sichtbar, vom Standpunkt des herrschenden Absolutismus aus eine Subkultur, eingeschnürt und ohne Macht, aber eigenständig, zahlreich und offensichtlich lebendig. Beruf und Familie sind der Lebensraum dieses Bürgertums.

Millers Stand ist bisher von keinem Interpreten des Stückes genau bestimmt worden. „Stadtmusikus" und „Kunstpfeifer" sind ständische Berufsbezeichnungen mit fest umrissenen Konturen und historisch bestimmtem Ort. Sie bezeichnen einen Berufstypus, der „das Privilegium hat, alle in der Stadt vorkommenden [...] Musiken gegen Bezahlung ausschließlich auszuführen" (Lexikonartikel von 1835). Nach Vorstufen im 13. Jahrhundert entwickelte sich die Institution in den Städten des deutschen und europäischen Mittelalters im 14. Jahrhundert und ging im wesentlichen in und mit dem 18. Jahrhundert zu Ende. Stadtmusikanten, Stadtpfeifer etc. (die Namen variieren sehr stark) waren freie Bürger, die mit der Stadt einen Vertrag („Bestallung") geschlossen hatten, der ihnen Privilegien gewährte (z. B. garantiertes Mindesteinkommen mit weiterer Zuwendungen in Naturalien, Witwen- und Hinterbliebenenversorgung, vor allem: Ausschaltung oder Beschränkung der Konkurrenz) und Pflichten auferlegte (Erledigung der anfallenden musikalischen Aufgaben in der Stadt, vom Aufspielen beim Tanz über alle Arten offizieller Festmusiken bis zur Kirchenmusik). Sie hatten lokal unterschiedene, aber jeweils festgelegte Ausbildungsregeln, oft die Pflicht zur Gesellenhaltung und Lehrlingsausbildung, und sie hatten eine eigene Standesehre. In den städtischen Rang- und Kleiderordnungen haben sie ihren festen Platz, oft durften sie Silberschilde oder Wappen mit den Stadtinsignien führen. Rangstreitigkeiten mit städtischen Kaufleuten, vor allem aber unaufhörliche Auseinandersetzungen mit der Konkurrenz der nicht ständischen, vagierenden, verachteten „Spielleute" zeigen ihren ständischen Zunftgeist. Einheirat in das Amt (vgl. *Kabale und Liebe*, 7/9 f.) war möglich; die Ausbildung von Musikschülern gehörte zu den Pflichten und Rechten (*Kabale und Liebe*, 46/6; 95/39 f.). Die Stadtmusikanten waren musikalische „Alleskönner": Miller z. B. spielt das Cello und gibt Flötenunterricht, Ferdinand zerstört eine Violine in seinem Zimmer (60/13 f.), Miller rekrutiert als Kapellmeister Leute fürs Orchester (10/24) und liefert auf Bestellung ein Adagio für den Hof (45/4); Luise spielt auf dem Hammerklavier im Haus (101/26 f.). Das Heraufkommen des spezialisierten Orchestermusikers und Virtuosen war der berufsinterne Grund für ihr Verschwinden gegen Ende des 18. Jahrhunderts. Mit der Einführung der allgemeinen Gewerbefreiheit (in Württemberg erst 1828) verschwinden sie endgültig. Miller ist übrigens nicht nur einfaches Mitglied dieses Standes, sondern in gehobener Position, ausdrücklich „Musikmeister" (16/18 f.). (Darstellung nach Schwab 1979. Dort weitere Literatur; das Lexikonzitat Sp. 1733)

Schiller hat also seinen Miller in dem ständischen Bürgertum angesiedelt, das mit der Entwicklung der Städte seit dem späten Mittelalter die erste Welle der bürgerlichen Emanzipationsbewegung bildet, in Handwerkerzünften und Kaufmannschaften eine spezifische Mischform von freien und ständischen Sozialformen darstellt, im 17. und 18. Jahrhundert von der neuen, anwachsenden Schicht der liberalen „Bürgerlichen", Verlegern, Manufakturisten, Fabrikherren, Beamten und Intellektuellen, abgelöst wird und zum 19. Jahrhundert hin seine Funktion verliert und sich aufzulösen beginnt.

Schillers *Kabale und Liebe* ist kaum richtig zu verstehen, wenn Millers Stand im Unklaren bleibt. Schiller hat ihn nicht umsonst im Personenregister ausführlich beschrieben. Miller vertritt im Stück nicht „die" bürgerliche Position und schon gar nicht die Position Schillers, sondern eine historisch gewachsene, in Schillers Zeit aber zu Ende gehende ständische Position, der der Autor eine andere, liberale entgegensetzen wird. Darüber mehr bei der Behandlung des Stückes.

Neben dem ständischen Gliederungsprinzip enthält Schillers Personenregister noch ein weiteres: das nach Geschlechtsrollen. Lady Milford steht am Ende der adligen Reihe, Luise – obwohl in der Urfassung noch Titelheldin – wird erst nach Vater und Mutter aufgeführt. Daß das nicht unbedingt nötig gewesen wäre, zeigt Lessings *Emilia*, wo die Titelheldin auch das Personenregister anführt. Und die Mutter, die in der *Emilia* noch mit eigenem Namen gleichberechtigt neben ihrem Mann stand, wird in *Kabale und Liebe* ihres Namens beraubt und erscheint nur noch als Funktion des Mannes: „Dessen Frau". Im Stück verschwindet sie nach dem dritten Akt spurlos; sie scheint im „Spinnhaus" (62/29) vergessen und wird bis auf Millers nichtssagende Floskel (99/2) von keinem mehr erwähnt. Im Personenverzeichnis hat Luise zwar einen Namen, aber wie ihre Mutter wird sie definiert im genetivus possessivus, als Besitz des Vaters. Bei den Hofleuten läuft die Zuordnung zum Fürsten bzw. Präsidenten wenigstens noch über eine von der Person getrennte Berufsbezeichnung, und Ferdinand ist zwar auch zuerst „dessen" (des Präsidenten) „Sohn", danach aber selbständig „Major". Die bürgerliche Familie aber wird ausschließlich durch die patriarchalische Oberherrschaft des Mannes bestimmt und die allgemeine Stellung der Frauen im Personenverzeichnis nicht weniger (nur „Sophie" steht *vor* dem männlichen Kammerdiener, weil sie Namensträgerin ist und anonym ist). Dem Autor scheint die männliche Vorherrschaft über die Frau, die er im Stück durchaus kritisch darstellt, selbst unhinterfragte Denkform zu sein.

Darüber hinaus enthält das Personenregister noch einige Details: die sprechenden Tiernamen des Hofmarschalls und des Haussekretärs, die im Stück noch ergänzt werden durch den Obermundschenk von Bock, dokumentieren Schillers Verachtung des Hofes.

Zeit und *Ort* des Geschehens werden auf eine Stadt im Absolutismus Deutschlands festgelegt, was ein erhebliches Maß von Konkretisierung und Aktualisierung bedeutet. *Emilia Galotti* hatte noch im fernen Italien gespielt.

Ein *Schauplatz* wird nicht angegeben. Tatsächlich spielt das Stück abwechselnd im Bürgerhaus und im Adelspalais (des Präsidenten oder der Lady), der fünfte Akt als einziger geschlossen im „Zimmer" bei Millers.

Die *Dauer* des Geschehens ist auf zwei Tage zu berechnen (der erste Akt spielt morgens am ersten Tag, der zweite und dritte Akt am gleichen Tag, vgl. 61/25 f., der vierte Akt morgens oder mittags am nächsten Tag, Luises Brief wird in 66/32 von Wurm vordatiert, der fünfte Akt am Abend des zweiten Tages). Schiller hält sich damit an die Tradition des bürgerlichen Trauerspiels, das von den Freiheiten gegenüber dem klassischen Dramenkonzept nur sparsam Gebrauch machte.

Das Stück spielt im Winter (19/21); die Liebe von Ferdinand und Luise ist drei Monate alt (99/10).

Aus dem Stück läßt sich das Alter der Personen bestimmen. Danach wird Miller sechzig (59/15), Luise ist sechzehn (77/4), Ferdinand über zwanzig (22/13), die Lady dreiundzwanzig (35/3 u. 35/18 u. 84/27), der Präsident fünfzig (22/34).

I,1 Schiller ist ein Meister der Exposition. Die ersten Szenen und die ersten Sätze seiner Dramen sind genauester Interpretation wert. *Kabale und Liebe* beginnt im bürgerlichen Heim: eine realistisch gezeichnete Alltagssituation, scheinbar behäbig und behaglich (5/4–6). Aber der friedliche Schein trügt. Das Stück beginnt mit Beunruhigung (5/7) und dem festen Willen des Vaters, der Beunruhigung entgegenzutreten (ebd.). Die Beunruhigung ist „ernsthaft" (5/8): sozialer Ruf (5/9) und politische Sicherheit (5/10) des Hauses sind bedroht und damit seine Einbettung in den schützenden Lebenszusammenhang der bürgerlichen Stadt. Die Bedrohung kommt von außen, vom adligen „Baron", jedoch: der Vater hat die Gefahr erkannt und wird den Eindringling wieder „ausbieten" (5/10 f.).

Das Stück beginnt, indem es die bedrohte Ordnung des Hauses als eine patriarchalische darstellt, in der der Vater das Sagen hat („Ich war Herr im Haus." 5/16), die Maßstäbe setzt („Ich hätt' meine Tochter mehr koram nehmen sollen." 5/16 f.) und die Gefahr, die von außen kommt, abwehrt („Ich hätt' dem Major besser auftrumpfen sollen" 5/17 f.). Die patriarchalische Ordnung des Hauses ist für Miller selbstverständlich und so universal, daß er ihre Geltung auch für den Hofadel voraussetzt; als brauchte er nur zum Präsidenten zu gehen und von Vater zu Vater zu sprechen (5/18 f.). Die selbstverständliche Zuversicht des Vaters auf die universale und unantastbare Geltung der väterlichen Familienordnung steht nicht nur am Anfang der Szene, sondern auch an ihrem Schluß, als Miller sich wirklich aufmacht, „gleich alles Seiner Exzellenz, dem Herrn Papa" zu stecken (5/18 f.): „Ich werde sprechen zu Seiner Exzellenz: Dero Exzellenz Sohn [...] meine Tochter [...]" (7/38 ff.).

Dazwischen wird ausgefaltet, was die patriarchalische Ordnung in Wahrheit gefährdet (nämlich nicht nur ein leichtfertiger Baron), was sie in Wahrheit für Miller bedeutet (nämlich nicht nur, die Macht im Hause zu haben) und: weshalb das markig zuversichtliche „basta! Ich heiße Miller." (8/2) nur eine leere Geste bleibt (nämlich nicht nur, weil ständig einer nach dem anderen von außen in das Haus eindringt, erst Wurm, dann Ferdinand, schließlich der Präsident).

Zwischen den beiden Schlußgesten Millers am Anfang und am Ende der Szene erfahren wir aus dem Dialog der Eheleute in der Entfaltung von Schillers kunstvoller Exposition, warum die Szene im bürgerlichen Haus den Auftakt zu einer Tragödie darstellt, und nicht, wie es nach den Szenenanweisungen am Anfang scheinen könnte, den Beginn eines Lustspiels einleitet.

An der ersten Szene werden gewöhnlich die Plastik der Milieuschilderung und die Genauigkeit der Charakterzeichnung, bis in die Sprache der Eheleute hinein, hervorgehoben. Beide Momente sind wichtig und für den heutigen Leser nicht unbedingt selbstverständlich.

Die Szene, kunstvoll in Schritten aufgebaut, zeigt aber noch mehr. Der Major stellt eine Bedrohung dar, weil er adlig ist und eine Heirat nicht in Frage kommt;

weil er adlig ist, wird er nicht nur keine moralischen Bedenken haben, die Bürgerstochter zu verführen (er „bringt's mit einem Wischer hinaus" 5/20), sondern auf Verführung wird er es gerade anlegen – so denkt der Vater: gerade weil Luise eine Bürgerstochter ist, wird der Baron es auf ihre sexuelle Unschuld abgesehen haben, auf ihre Reinheit, die der Vater als hohen Wert betrachtet. Der sich anbahnende Konflikt wird als Standeskonflikt eingeführt und die Konfliktebene ist die der sexuellen Moral: bürgerliche Tugend wehrt sich gegen adlige Ausschweifung.

Bei diesem Konfliktschema, wie Lessing es in *Emilia Galotti* verwendet hatte, bleibt Schiller jedoch nicht stehen (zweiter Schritt der Exposition). Miller hat in der eigenen Frau eine Anwältin des fremden Standes im eigenen Haus; so realistisch klug er sich auf den eigenen Stand beschränkt, so borniert listig schielt die Mutter nach dem sozialen Aufstieg. Frauen sind im patriarchalisch geordneten Haus unzuverlässig, man muß sie ständig bewachen. Das gilt auch für die Tochter und deren Tugend. Es ist auffallend, für wie verführbar Miller seine Tochter hält (vgl. 6/6). Die bürgerliche Moral, für deren Geltung der Vater einsteht, fühlt sich bedroht durch weibliche Natur: die Frau ist ihr verführbar durch höhere Stellung und durch Sexualität. Angesichts von Luises Charakter scheint dieser Verdacht des Vaters absurd; er ist eine Angstphantasie, die nicht in Erfahrung begründet ist, sondern in der Struktur der patriarchalischen Familienbeziehungen selbst. Sie geht allen Erfahrungen voraus und besagt, hinter Sublimierungen, schönen Seelen und guten Herzen, verberge sich nur das eine „liebe Fleisch", der Eigenwille der Körper, die zueinander wollen und die der Mann zum Schutz der Familie auseinanderzuhalten und zu domestizieren habe.

Schiller stellt in dieser Szene aber noch ein Drittes dar, nach der Bedrohung der bürgerlichen Moral von außen durch den Adel und von innen durch die weibliche Sexualität die Bedrohung der bürgerlich-ständischen Welt des Vaters durch den geschichtlichen Prozeß. Diese Bedrohung wird im Text nur angedeutet, das aber klar genug, um als dritter Schritt der Exposition eigens festgehalten zu werden. Die Siglen, hinter denen sich in der Szene Momente des geschichtlichen Wandels verbergen, den Miller nicht wahrhaben will, sind „Bellatristen" (6/38) und „Kaffee" und „Tobakschnupfen" (7/24 f.).

Die „vermaledeiten" Genußmittel, die Miller seiner Frau gern verbieten würde, besitzen im Text eine mehr periphere Bedeutung. Sie kennzeichnen jedoch nicht nur Frau Millers Hang zum Luxus und zum Höheren, sondern auch ihre Neigung zum Neumodischen. Kaffee und Tabak eroberten sich im 18. Jahrhundert in Deutschland neue Käuferschichten im städtischen mittleren Bürgertum (vgl. Bachs bürgerliche Kaffeekantate von 1732) und gelten Vertretern des ständischen Bürgertums wie Miller als verhaßte Anzeichen einer neuen, auf Konsum orientierten Zeit, die die Genügsamkeit ständischer Bedarfsorientierung (vgl. 7/26 ff.) bedroht. (Zum Thema s. Schivelbusch 1980)

Wichtiger für die Problematik des Stückes ist Millers Ausfall gegen die „höllische Pestilenzküche der Bellatristen" (6/37 ff.), die seiner Luise „die Handvoll

Christentum" durcheinander brächten, „die der Vater mit knapper Not soso noch zusammenhielt" (7/2 ff.). Miller wendet sich hier im Namen eines orthodoxen Christentums gegen die heraufkommende weltliche Literatur der sentimentalen Romane. Der Kampf der Orthodoxen (wie der Pietisten) gegen die erst im 18. Jahrhundert in Deutschland quantitativ relevant werdende weltliche und besonders schöngeistige Literatur war eine der Hauptfronten der Auseinandersetzung zwischen alter ständischer und liberal-bürgerlicher Welt (vgl. hierzu z. B. Engelsing, S. 61 ff., und für Schwaben Erning, S. 83 ff.). Dem Musikus gibt die vehemente Polemik gegen die weltliche Phantasieliteratur Gelegenheit, zu sagen, was eigentlich er der Tochter erhalten will, wenn er den Major aus dem Haus weist (7/6–10): ihre „Heimat", die unmittelbare, schützende Einheit von Stand, Moral, Glaube und Gewerbe. Es ist diese Einheit, eine geschlossene, alle Lebensbezirke umgreifende, ständische Welt, die Miller gegen den Zugriff von außen und gegen die Entwicklungen in seiner eigenen Familie verteidigen muß.

I,2 Die erste Szene endet mit Millers Absicht, zum Präsidenten zu gehen. Der Auftritt Wurms, mit dem Miller gleichsam beim Abgehen zusammenprallt, vereitelt diese Absicht nicht nur für's erste. Indem die Mutter vor dem Mann mit dem kriecherischen Charakter und Namen ihren törichten Hang zum Höheren dümmlich herauskehrt, macht sie die Verbindung zwischen Luise und Ferdinand, über die es in der Stadt bisher höchstens Gerüchte gab, öffentlich (11/31 ff.). Sie durchkreuzt damit Millers Plan, die Sache der Kinder durch eine Regelung zwischen den Vätern aus der Welt zu schaffen. Mit Wurms Abgang, weiß Miller, ist geschehen, was er gerade verhindern wollte: das Haus ist im Geschrei, die private Liebe der Bürgerstochter mit dem jungen Herrn vom Adel ist ins Räderwerk der öffentlichen Instanzen und ihrer politischen Interessen geraten.
So bringt die Szene dramaturgisch die Handlung in Gang, noch verdeckt allerdings; Schiller nimmt sich Zeit mit der Exposition und führt erst die Konstellation auf seiten der bürgerlichen Partei vollständig vor, ehe er den Hof zum Gegenschlag ausholen läßt. Doch die erste Runde hat Miller bereits verloren. Noch ehe er den ersten Schritt aus dem Haus tun und zum Präsidenten gehen konnte, ist des Präsidenten Kreatur ihm zuvorgekommen, hat Wurms Mißtrauen ihn und die Situation in seinem eigenen Haus bereits ausgespäht, und seine eigene Frau hat dem Gegner in die Hände gespielt. Wenn Luise in der nächsten Szene auftritt, ist nicht nur innerhalb des Hauses schon über ihre Liebe entschieden, sondern ist bereits der Bote unterwegs, um den Hof gegen sie zu mobilisieren.
Neben dieser dramaturgischen Funktion hat die Szene noch die Aufgabe, die Figur Wurms in möglichst grelles Licht zu tauchen (vgl. Millers Charakterisierung 11/11 ff.) und dem Bild des patriarchalisch strengen Vaters Miller einen wichtigen neuen Zug hinzuzufügen. Miller wacht nicht nur über Tugend, Christentum und ständische Selbstbescheidung seiner Tochter, sondern er liebt sie auch.

Und wenn er ihr auch den verbieten muß, mit dem sie Umgang hat: vorschreiben, wen sie heiraten soll, wird er ihr nicht (10/21 ff.). In dem von seinem Stand vorgegebenen und von ihm bejahten Rahmen soll sie ihr Leben selbst bestimmen können. Seine Tochter über ihren Kopf hinweg zu verheiraten, wäre ihm ein „zu altmodischer Kanal". Das Wort spricht von geschichtlichen Veränderungen. Selbst dieser sonst eher konservative Vertreter ständischen Bürgertums hat die Wandlungen wahrgenommen, die in den Familienbezügen und in der Frauenrolle vorsichgegangen sind. In Weißes *Romeo und Julie* mußte dem Vater dieses „neue Gesetz" noch gegen seinen Widerstand erklärt werden (vgl. oben S. 12); für Miller ist's zur Selbstverständlichkeit geworden, so daß er diesen Schritt der Selbstbestimmung der Tochter anschaulich und durchaus lustvoll ausphantasieren kann.

Vor diesem Hintergrund muß die Figur der Mutter auffallen. Schiller hat ihr gegenüber Miller den schlechteren Part gegeben; in ihrem borniertem Aufstiegswillen ist sie höchst realitätsblind und undiplomatisch. Aber gerade darin ist sie mehr als eine gelungene Charakterstudie. Sie stellt einen anderen Typ von Ehefrau dar als den, zu dem Miller seine Tochter erzogen hat. Frau Miller ist gewohnt, ihren Part in der Ehe auch gegen ihren Mann zu spielen, ihre Meinung und ihre Interessen offensiv zu vertreten: wenn ihr Mann sich ihren Heiratsplänen für die Tochter widersetzt, wird sie eben vor Gericht gegen ihn klagen (10/ 12 ff.). Historisch gesehen, gehört die Millerin damit einem älteren Familientyp an, in dem die Frau selbständig neben dem Mann ihren Platz behauptet. Die Grenze zwischen „altem" und „neuem Gebot" verläuft in Schillers Stück zwischen Millers Frau und seiner Tochter. Kaum vorstellbar, daß Luise in einer Ehe familieninternen Zwist „in die Gerichte" und damit außer Hause tragen würde.

I,3 Schiller liebt die Kontraste: nach dem „konfiszierten widrigen Kerl" jetzt die Schöne Seele; besinnlich, wohl mit der Bibel (Schiller sagt es nicht genau) aus der Messe kommend, begrüßt sie sittsam den Vater, die Mutter erst später, als es um Ferdinand geht. Die Autorität im Haus ist der Vater, die Mutter ist nur die Komplizin in der Liebesgeschichte.

Die erste Szene hatte vorgeführt, daß in der ständisch-patriarchalischen Welt des Elternhauses kein Platz für Luises Liebe ist, die zweite Szene hatte gezeigt, daß dieses Haus von den Inhabern der politischen Macht umstellt ist, deren argwöhnischer und scharfer Blick durchaus zu fürchten sein wird. Die dritte und vierte Szene werden die innere Problematik dieser Liebe aufdecken. Jetzt tritt die Liebende selbst auf, seufzend unter der Last eines aussichtslosen und doch sie ganz erfüllenden Gefühls.

Die Szene beginnt mit einem metasprachlich dichten Dialog zwischen Tochter und Vater (11/36–12/15). Wechselseitige Anspielungen auf das Spannungsverhältnis Liebe – Religion, die vom anderen sofort verstanden werden. Ein Dialog, der eine intensive Beziehung zwischen Vater und Tochter voraussetzt und der zeigt, wie eng Luise in das religiöse Selbstverständnis des Vaters eingebunden ist, ihre Liebe selber als „Sünde" versteht – und doch im gleichen Atemzug und Satz die eingestandene Sünde wieder begeht, nur an Ferdinand und nicht an Gott zu denken: „O ich bin ein schwere Sünderin, Vater – War er da, Mutter?" (12/4f.) (Vgl. als methodisches Vorbild für eine genauere Kommunikationsanalyse: Watzlawick, Beavin, Jackson 1969, S. 138–212.)

Inhaltlich wird zwischen Vater und Tochter die Frage aus der ersten Szene wieder aufgenommen, wie es mit der durch die Liebe zum Baron bedrohten „Handvoll Christentum" bei Luise stehe. Die Frage zieht sich von nun an als roter Faden durch das ganze Stück. Sie ist für Luise selbst zentrales Problem: Ferdinand droht in ihrer Seele das Bild des Himmlischen Vaters zu verdrängen. Die Ausgeliefertheit an ihre Liebe zu Ferdinand gerät in Konflikt mit dem überkommenen Glaubensgebot, niemanden mehr zu lieben als Gott, und dieser Konflikt verschärft sich angesichts der fordernden Fragen des Vaters.

„Nach einer Pause" (12/16) findet Luise allerdings vorläufig einen Ausweg, den deistischen: Gott in Ferdinand zu lieben, den Schöpfer im Geschöpf zu verehren. Orthodox-kirchlicher Lehre der Zeit entspricht eine solche Anschauung nicht; sie ist nicht vereinbar mit dem Postulat der alleinigen Offenbarung Gottes in Jesum Christum und in der Schrift, die von ihm zeugt. Die Kirche führt im 18. Jahrhundert einen scharfen Kampf gegen solch weltfrömmige Aufweichung. Zurecht sieht Miller hier Ketzerei und eine „Frucht von dem gottlosen Lesen" (12/22). Luise allerdings hält an ihrem moderneren, von subjektiver Erfahrung getragenen Gottesbild fest (vgl. 13/2ff.).

An eine Verwirklichungsmöglichkeit ihrer Liebe glaubt Luise nicht. Die allererste Passage, in der sie von Ferdinand selbst spricht (12/23–35), ist geprägt von Unterwerfungsmetaphern: das eigene Leben hinhauchen, als Veilchen unter seinem Tritt sterben, sich in seinem Glanz sonnen. Der Eingang dieses Passus läßt vermuten, daß es der Standesunterschied ist, der Luise zu solchen Distanzbildern greifen läßt; die Bilder selber legen eher nahe, sie als weibliches Rollenverständnis oder zumindest: als *ein* Moment von Luises Rollenbild für das Verhältnis von Mann und Frau in der Liebe zu lesen. Der nächste Passus (13/1–14) klingt sehr viel stolzer und selbstbewußter mit seinem mehrmaligen "mein ist [...] mir geschaffen [...] mir zur Freude".

Durchgehalten wird von Luise auch über den Stolz hinweg, diesen Einzigen zu lieben, die Einsicht in die Aussichtslosigkeit ihrer Liebe, weil die Standesschranken nicht zu überwinden sind. Ihr letzter großer Dialogbeitrag in dieser Szene (13/20ff.) kreist um diesen Punkt, und es lohnt, ihn in seinem Gedanken- und Gefühlsablauf genauer anzuschauen:

Luise spricht noch einmal ihren Verzicht auf Ferdinand aus – als Selbstverständlichkeit, als längst vollzogen, nicht etwa als jetzt erst abgerungen (13/20). Es ist ein Verzicht auf Ferdinand „für dieses Leben" (13/22), wobei dieses Leben ein Nichts erscheint angesichts der innerpsychischen Realität ihrer Liebe zu Ferdinand („Traum von Ferdinand", 13/21) und angesichts der Hoffnung, nach dem Tod im Jenseits mit ihm verbunden zu sein. Diese Jenseitshoffnung wird von ihr ausphantasiert, in zwei, seltsam aufeinanderfolgenden Stufen.

Zuerst (13/23–25) führt ihre Sehnsucht zu einer Jenseitsutopie bürgerlicher Gleichheitsvorstellungen: die „Schranken des Unterschieds" sollen – dort – „einstürzen" und „all die verhaßten Hülsen des Standes" „abspringen". Ein Paradies wird hier imaginiert, im Jenseits zwar erst, aber doch eine Vorstellung davon, daß „Menschen nur Menschen sind" und eigentlich auch sein sollten. Eine Utopie also, die die Möglichkeit einer Gesellschaft von Gleichen durchaus zu denken vermag, wenn auch nur jenseits der Grenze des realen Lebens.

Dann aber nimmt Luises Rede eine seltsame Wendung. Über den Gedanken der Menschlichkeit der Menschen läuft ihre Vorstellung offenbar zu ihr selbst und ihrer eigenen Menschlichkeit, deren Kern sie als „Unschuld" (13/26) versteht. Daraus folgt aber nicht, daß auch Ferdinand unschuldig und damit „Mensch" ist, sondern der Gedanke an die eigene Unschuld ruft Vorstellungen vom Wert dieser Unschuld hervor, schließlich hat der Vater „so oft" (13/27) davon gesprochen. Unschuld ist nicht ein Sein, sondern eine Leistung. Damit kippt die Jenseitsvorstellung um (13/27 f.), und Luise phantasiert jetzt ein Paradies, in dem „Schmuck", „Titel", „Triumphe", „Ahnen" und „Vornehm Sein" ihre Geltung haben wie auf der Erde auch – nur daß all diese „Hülsen" jetzt nicht mehr denen vorbehalten sind, die sie von Geburt an besitzen, sondern daß sie jetzt auch der Bürgerstochter zukommen – durch Verdienst. Tugend („meine Unschuld" (13/26), Leiden („Tränen" 13/30) und Geist („schöne Gedanken" 13/30) sind die Mittel, mit denen Luise sich in ihrer Phantasie den Aufstieg der Bürgerin in den ständischen Himmel vorstellt. Die ständische Ordnung ist jetzt nicht mehr auf das Diesseits beschränkt und durch Jenseitsvorstellungen wenigstens im Traum negierbar; die ständische Ordnung ist jetzt universal, sie beherrscht in Luises Seele auch noch die Vorstellung vom Paradies.

Luises Jenseitstraum wird jäh unterbrochen durch die Ankündigung von Ferdinands Nahen. Im Gegensatz zu Luisens stillem und betont sittsamem Auftreten zu Beginn der Szene springt Ferdinand über den Gartenzaun (s. o. S. 21) und verbreitet Schrecken, noch ehe er überhaupt selbst erscheint.

So zeigt die Szene, noch ehe Ferdinand auftritt, Zwiespalt in Luises Seele. Ihre Liebe zu Ferdinand zieht sie aus ihrer ständischen Herkunft heraus; ansatzweise entwickelt sie in Ferdinands Gefolgschaft eigene Rollenbilder und eigene religiöse Vorstellungen zu dem Gefühl, das sie an ihn bindet. Aber diese Bilder und Vorstellungen können sich nicht entfalten und werden immer wieder von dem ihr eingeprägten Bewußtsein ihres Standes abgefangen. Der Zwiespalt in ihrer Seele ist deshalb so zerreißend, weil er sowohl ihre Emotionalität wie ihr ständisches Weltbild und ihre Religiosität durchzieht.

I,4 Ferdinands erste Worte sind beobachtend, distanzierend, besitzergreifend und mißtrauisch (vgl. 14/10; 14/15; 14/29 und 15/16 f.). Diese Mißtrauensbereitschaft stört das Verhältnis der beiden noch nicht, weil sie objektiv keinen Anlaß hat und weil Luise sich von ihr nicht stören läßt. Später wird sie in Ferdinands unsinnigen Verdacht umschlagen, Luise könne sich einen Kalb zum Liebhaber auserkoren haben. Dennoch fallen in dieser Szene, die das erste Mal die beiden Liebenden zusammen zeigt, Mißtrauensbereitschaft und Herrschaftsanspruch als markanter Zug in Ferdinands Liebe zu Luise auf.

Er beansprucht für sich, sie völlig zu durchschauen – wie „das klare Wasser" seines Brillanten am Finger (14/16 ff.). So spricht man von einem Ding, nicht von einem Menschen, es sei denn, man hat den Menschen sich zum Ding gemacht, über das man verfügt. Luise wehrt sich gegen diese hybride Sprache, indem sie den Herrschaftsgestus, der in ihr zum Ausdruck kommt, als Attitüde von Ferdinands Adelsstand kennzeichnet: sie, das bürgerliche Mädchen, komme in dieser Sprache nicht vor. Sie betreibt praktische Sprachkritik und hat dazu an dieser Stelle gründlich Anlaß.

(Zur Frage, inwieweit in diesem Herrschaftsgestus die Adelsherkunft Ferdinands ihren Ausdruck findet, siehe unten S. 69 f.)

Ferdinand verstärkt in seiner Antwort seinen Anspruch, indem er den ihren zurückweist: sie sei kein bürgerliches Mädchen, sie sei nur „meine Luise. Wer sagt dir, daß du noch etwas sein solltest?" (14/27 f.) Für seinen Absolutheitsanspruch der Liebe hat Luise in der Beziehung zu ihm aufzugehen; alles, was sie sonst noch ist: bürgerliches Mädchen, Tochter etc. hat sie zurückzulassen gegen diese eine Aufgabe, ihn zu lieben. Zwar ist auch er bereit, alles, was er sonst noch ist, aufzugeben (15/9 f.) – aber was ihn in seiner Welt hält, ist zwiespältiger als das, was Luise mit der ihren verbindet: die „Flüche" (15/13), die ihm der Landeswucher seines Vaters hinterläßt, treiben ihn eher aus seinem Stand heraus, als daß sie ihn darin hielten. Die Diskrepanz zwischen Ferdinands Ausschließlichkeit und Luises Verflochtensein in Bürgerlichkeit und Vaterängste (vgl. 15/15) wird dann das Geschehen zwischen beiden Figuren bestimmen. Schiller zeigt bereits in der ersten Begegnung zwischen den Liebenden, wie sehr Verschiedenes beide unter „Liebe" verstehen.

Wichtig für die fragwürdigen Seiten in Ferdinands Liebe in dieser Szene ist ein weiterer Zug. Ferdinand macht von Anfang an klar, daß er es ist, der in dieser Beziehung die Bedingungen für sie beide setzt. Für Luise bleibt die ganze Szene hindurch nur die Möglichkeit zu reagieren, erst scheu, dann skeptisch, abwehrend, schließlich verzweifelt. Ferdinand hingegen steigert sich in seinem Rausch, sich selbst über die Rolle zu definieren, die er sich und Luise in der gemeinsamen Liebe zuweist, zu wahren Allmachtsphantasien (15/27–31). Er ist der Wächter, Luise das Gold unten in der Erde (15/22 f.): schon das Eingangsbild schreibt den Rahmen traditioneller Rollenzuweisungen fest und bestimmt, wer in dieser Beziehung aktiv und wer nur passiv sein soll.

Ferdinands rücksichtsloser Zugriff auf Luise zerschlägt den Schutzschild ihrer Verzichthaltung, er weckt „Hoffnungen" (15/35) und sexuelle Wünsche, die durch die Verzichtliebe bisher erfolgreich verdrängt worden waren, aber nur dicht unter der Oberfläche schlummerten: „Von heut an – der Friede meines Lebens ist aus – Wilde Wünsche – ich weiß es – werden in meinem Busen rasen . . .

Du hast den Feuerbrand in mein junges friedsames Herz geworfen, und er wird nimmer, nimmer gelöscht werden." (15/40–16/5)

Luise hält die Konfrontation mit ihren eigenen unterdrückten Vereinigungswünschen nicht aus und stürzt aus dem Zimmer.

So steht denn am Ende dieser Szene, und damit der ersten Expositionsgruppe I,1–4, die bürgerliche Partei in durchaus desolatem Zustand da. Miller war bereits vorher abgegangen, ohnmächtig zwischen seiner Liebe zu Luise und seinem Realitätsbewußtsein hin und her gerissen. In Luise sind sexuelle Wünsche entbrannt, die ihren Verzicht untergraben, aber auch in der „reinen" Liebe zu Ferdinand kaum Platz haben. Ferdinand hat seine Macht auf Luise ausgespielt und zugleich die Blindheit und Egozentrik seiner Liebe offenbart. Die vorgeführte bürgerliche Familienstruktur hat keinen Ort für die Liebe dieser beiden.

I,5 Nach dem Desaster im bürgerlichen Haus wechselt Schiller abrupt den Schauplatz. Auf das enge und gemütliche Zimmer folgt nun der Saal im adligen Palais, prächtig und kalt, der Präsident im Ordensschmuck. Auch dies ist noch Exposition: die höfische Partei formiert sich und setzt ihre erste Kabale in Gang. Schiller gestaltet Zimmer und Saal, und was in ihnen geschieht, durchaus als Gegensatz; vom Gegensatz gegen die bürgerliche Welt her läßt sich die höfische am besten beschreiben.

Anders ist das Auftreten der Personen: dort ein Ehepaar gemeinsam bei alltäglichen, beruflichen und häuslichen Verrichtungen; hier ein Herr, der seinen Untergebenen befragt, und ein Diener, der seinem Herrn etwas beizubringen versucht. Anders ist die Sprache: dort redet jeder frei weg von der Leber, Gegensätze werden offen ausgetragen; hier befragt und belauert man einander, nur der Herr kann sich Direktheit leisten, sein Sekretär schlägt einen unterwürfigen Ton an. Jeder versucht, den andern zu berechnen und für seine Zwecke einzusetzen.

Anders sind auch die Charaktere und ihre Intentionen. Miller und Luise leben in einer Welt voll komplexer Beziehungen und Werte, für die sie einstehen: Tugend, Reinheit, Christentum, Liebe. Die Personen am Hof haben nur ein einziges Ziel, das der Machtsicherung und des Machtausbaus, dem alles untergeordnet wird, auch und gerade das private Liebesleben. Der Präsident gibt gleich eingangs zwei Proben. Die Liebe zu Luise, die für Ferdinand Selbstzweck und gemeinsame Selbsterfüllung ist, stellt für seinen Vater nur eine Talentprobe dar (16/24–17/2), und Wurms Eifersucht bleibt dem Präsidenten unverständlich (17/22). Liebe erscheint im Blick des Hofmanns nur als Sexualität und damit einsetzbar, dem Durchsetzungs- und Machtwillen unterzuordnen. Das ist nicht seine besondere Charaktereigenschaft; er nimmt es – nach dem Willen Schillers – als selbstverständliches Verhalten seiner Klasse in Anspruch (17/25 ff.), wogegen Wurm sich absetzt, eine offensichtlich anerkannte, ebenso selbstverständliche Unterscheidung aussprechend: „Ich mache hier gern den Bürgersmann ..." (17/30 f.). Bürgerlich ist die Ausgliederung der Sexualität aus dem gesellschaftlichen Intrigenspiel und ihre Privatisierung, Stilisierung und Sublimierung in der Zweierbeziehung, sei diese nun Liebe oder Familiengründung. Höfisch ist die Instrumentalisierung der Sexualität, die der öffentlichen Sphäre des Hofes angehört, wie Geld, Macht und Ehre; sie ist zur beliebigen Verwendung freigegeben.

Wurm zeigt sich in dieser Szene in sehr viel besserem Licht als bei seinem ersten Auftreten im Bürgerhaus. Hatte Schiller ihn dort in Millers Beschreibung mit der ganzen Verachtung des bürgerlichen Autors für den bürgerlichen Karrieristen am fürstlichen Hof abqualifiziert, so kann Wurm hier seine Fähigkeiten unter Beweis stellen: Schläue, Witz, Verschlagenheit und taktisches Geschick. Seine geschmeidige Anpassungsfähigkeit, die in Millers Welt nur als Perfidie erscheinen konnte, befähigt ihn hier zum virtuosen Mitspieler. Er hat weder Charakter noch „Herz", aber Intelligenz; gerade dadurch kann er seinen Platz in der Maschinerie des höfischen Beamtenapparats ausfüllen, wo es auf Funktionieren ankommt. Und so, wie der Präsident ihn „am Faden" (19/6) hält, so berechnet Wurm auch seinerseits erst den Präsidenten, dann Ferdinand und Luise. Daß er richtig berechnet, macht seine diabolische Stärke aus; daß die Menschen sich nicht völlig berechnen lassen, seine Schwäche. Wurm hat keinen eigenen Ehrgeiz, wie der Präsident, sondern ist vorwiegend auf Erhaltung seiner Position und auf Absicherung aus. Darin ist er durchaus ständischer „Bürgersmann", dessen Ziel, die Gründung einer eigenen Familie mit einer möglichst unbescholtenen Braut, er allerdings auf nicht mehr ständische Weise, mit einer völligen Trennung von Privatleben und beruflicher Existenz, betreibt. Würde er Luise heiraten, würde er mit Sicherheit ein ehrbarer und strenger Familienvater sein, im Beruf weiterhin zu jeder „Schurkerei" (19/6) zu gebrauchen.

Die Figur des bürgerlichen Aufsteigers am Hof ist von Schiller neu in das Gattungsschema des bürgerlichen Trauerspiels eingeführt worden. Der Schurke Marinelli in Lessings *Emilia* hatte der höfischen Adelspartei angehört (für das Gröbere, den Mord an Appiani, hatte der sich noch einen subbürgerlichen Strauchdieb gehalten); dort verliefen die ständischen Fronten klar zwischen den Parteien. Bei Schiller haben sie sich ineinandergeschoben, das Bürgertum ist in sich und zum Hof hin aufgespalten. Schiller braucht die Figur des Wurm zur Vermittlung zwischen höfischer und bürgerlicher Sphäre, da der Konflikt bei ihm in die Psyche der Figuren hineinverlagert ist. Ohne Wurm hätte der Präsident nur äußere Machtmittel gegen seinen Sohn und die Millers in der Hand. Erst Wurm verschafft ihm die Möglichkeit zur Intrige, die Kenntnis der psychischen Mechanismen und Schwächen in den Seelen der Liebenden selbst.

Das zeigt sich im Hinblick auf Ferdinand noch in dieser Szene. Der Präsident weiß nichts von den seelischen Energien, mit denen sein Sohn an der Bürgerstochter hängt, wie auch erst Wurm ihn darauf aufmerksam machen muß, daß Lady Milford kein brauchbarer Indikator für die Kraft von Ferdinands Bindung an Luise sein kann (vgl. 18/20ff.). In III,1 dann muß Wurm dem Präsidenten Weltanschauung und Charakter Ferdinands erklären (49/17–28), um ihm die

Gefährlichkeit dieses Gegners vor Augen zu führen. Erst durch die Vermittler-funktion Wurms, erst durch den zum Gegner übergelaufenen Bürgersmann kann die höfische Partei im Stück die bürgerliche Liebe von innen heraus, durch Aktivierung ihrer eigenen Widersprüche zerstören.

Höfische Unterordnung auch der privatesten Beziehungen unter das politische Kalkül ist das Prinzip, nach dem der Präsident seinen Plan einer Ehe zwischen der Mätresse des Fürsten und Ferdinand entwirft. Was liegt näher, als auch das Herz, oder doch die Hand des Sohnes für eben den „Einfluß" (17/39) derer von Walter zu instrumentalisieren, „damit nun der Fürst im Netz meiner Familie bleibe" (18/4 f.). Auch der Sohn ist nur Figur in diesem Spiel. Der so sinnreich erfundene Plan des Präsidenten ist übrigens durchaus nach der Wirklichkeit modelliert. Die Verheiratung abgelegter Mätressen mit Angehörigen des eige-nen Hofstaats war gängige Praxis im Absolutismus. Vom Württembergischen Hof ist eine solche Geschichte dokumentiert. Die Vorgängerin der Franziska von Hohenheim wurde an einen ehemaligen Offizier und jetzigen Höfling ver-heiratet, um ihr Platz zu machen; Schiller hat seiner Lady, der er Züge Franzis-kas geliehen hat, das Schicksal ihrer Vorgängerin zugedacht, das Franziska selbst erspart blieb.

I,6 Die Entleerung aller Beziehungen zum bloßen Positionskampf um die Stel-lung in der Hofhierarchie zeigt auch die Figur des Hofmarschalls. Dem Zu-schauer erscheint Kalb belustigend; der Präsident kann ihn verachten, weil des-sen Kämpfe, Geschäfte und Malheurs inhaltlich im Belanglosen bleiben und die Kraft des Mannes nicht ausreicht, jemandem anders als dem „Oberschenk von Bock" gefährlich zu werden (vgl. III,2 S.54 f.). Aber die von Schiller genußvoll in Szene gesetzte Karikatur kann über die strukturellen Parallelen zwischen Spitze und unteren Regionen der Hofpyramide nicht hinwegtäuschen; um blo-ße Positionskämpfe geht es oben wie unten, bei denen stets der „Mann von un-bescholtenen Sitten" geopfert wird, um „der von Einfluß" zu sein oder zu blei-ben (III,2, 56/28 f.).

Diese Szene enthält noch drei für das Drama wichtige Momente: in der amü-santen Bühnenanweisung einen Hinweis darauf, wie sehr Schiller, theaterbe-wußt, immer im Auge gehabt hat, daß er ein zur Aufführung bestimmtes Stück schreibt und nicht etwa Wirklichkeit abbildet (19/17); in von Kalbs Hofbericht ganz en passant (19/22) die Festlegung des Stücks auf einen Tag im Winter, was z.B. den Liebenden jede Möglichkeit nimmt, sich an einem anderen Ort außer-halb des Bürgerhauses, etwa in der freien Natur, zu sehen. Folgenreicher für das Stück schließlich: durch Kalb setzt der Präsident jetzt, nachdem er von Ferdi-nands Liebe durch Wurm erfahren hat, die Maschinerie der Hoföffentlichkeit in Gang, über den Kopf der Beteiligten hinweg vollendete Tatsachen schaffend. Er bringt damit erst einmal alle Personen in Zugzwang: in der nächsten Szene Fer-dinand, der wider seinen Willen zur Lady muß, dann im zweiten Akt die Lady (38/38–39/3), schließlich im dritten Akt Kalb, der durch die von ihm selbst öffentlich gemachte Kabale vom Präsidenten unter Druck gesetzt werden kann (54/7 ff.).

I,7 Ganz auf die Durchsetzung des höfischen Machtstrebens ist auch die Auseinandersetzung des Präsidenten mit seinem Sohn gestellt. Der Vater entfaltet rückhaltlos sein Erfolgsdenken vor dem Sohn in der Erwartung, daß dieser so hoch auf der blutigen Leiter nicht mehr auf den Gedanken käme, umzukehren. Er hat sich getäuscht. Ferdinand hat einen anderen Wertmaßstab: die Selbstidentität, die Übereinstimmung des Menschen mit sich selbst. In einer an Goethes *Werther* erinnernden Wendung beschwört Ferdinand gegen das höfische Denken des Vaters den bürgerlichen Begriff des sich selbst genügenden „*Herzen*" (22/29 ff.).

Das „Herz" war bereits mehrfach bisher von Luise und zwischen den Liebenden als Leitwort ihrer Gemeinsamkeit genannt worden. Jetzt stellt Ferdinand bewußt (und von Schiller auch optisch unterstrichen) diesen Zentralbegriff bürgerlichen Selbstverwirklichungsstrebens im 18. Jahrhundert der höfischen Welt des Vaters entgegen (vgl. hierzu die Auflistung aller „Herz"-Stellen in der Konkordanz von Daly/Lappe 1976 und die Interpretation von J. Müller 1934). Die auf das Bekenntnis folgenden Dialogpartien zeigen allerdings eine eigentümliche Schwäche von Ferdinands Position. Das sich selbst genügende Herz ist kein Ort, der innerhalb der höfischen Welt behauptet oder auch nur verständlich gemacht werden könnte. Der Vater lacht über die „Vorlesung" (22/33) und offeriert die Lady. Gegen diese Zumutung kann sich Ferdinand nur mit dem Hinweis auf die – höfische – „Ehre" (23/35 u. 24/4) wehren. Dem Angebot, dann die Ostheim zu nehmen, hat er nichts mehr entgegenzusetzen. Die Bühnenanweisungen (24/34 f. u. 25/4) zeigen ihn hilflos der Strategie des Präsidenten ausgeliefert. Seine Herzbestimmtheit ist ein nur privater, rein innerlicher Wert. Er hat sich durch sie seine Identität in der Hofwelt bewahrt, aber er ist unfähig, dieses Herz – und damit seine Liebe zu Luise – am Hofe offensiv zu vertreten. Er hat sie deshalb auch verborgen und vor ihrer Entdeckung muß er zittern.

Die Schwäche von Ferdinands Position hängt aber offensichtlich auch damit zusammen, daß der Sohn bei aller Schärfe des Dialogs den Präsidenten als Vater respektiert. Trotz der immensen Distanz, die bereits Ferdinands erste Anrede 21/3 festlegt, sieht Ferdinand im Präsidenten doch immer den Vater, an den er gebunden bleibt, von dem zu lösen, dem als Gleichberechtigter gegenüberzutreten ihm sehr schwer wird, wie sich im weiteren Verlauf des Stückes noch zeigen wird. Selbst im Adelsmilieu ist für Schiller die Vater-Sohn-Beziehung eine Beziehung besonderer Art (vgl. dazu auch 25/17 und unten S. 69).

Ferdinands Abgang bestätigt einerseits die Schwäche seiner Position – widerspruchslos folgt er dem Befehl seines Vaters –, andererseits ist er Hofmann und Realist genug, um hinter dem bloßen „Spiegel", den er der Lady „vorhalten" will (25/18 f.), noch eine massive Drohung parat zu haben, die der öffentlichen

Beschimpfung (25/20 f.). Die zusätzliche nationale Wendung verschafft ihm einen rhetorisch wirkungsvollen Abgang und der Szene einen markigen Schluß.

Zweiter Akt

II,1–3 Im ersten Akt hat Schiller die das Stück bestimmende Grundkonstellation aufgebaut: das Dreieck Bürgerhaus – Hof – Liebespaar. Es ist wichtig zu sehen, daß diese Konstellation ein *Dreieck* bildet. Ferdinand und Luise gehen in ihrer jeweiligen Zugehörigkeit zu Bürgertum und Hof nicht auf. Zwar sind sie es erst, die im Stück Bürger- und Hofwelt aufeinander beziehen und beide in konfliktträchtige Beziehung zueinander bringen, aber zugleich entziehen sie sich gerade in ihrer Liebe der eindeutigen Zuordnung zu beiden sozialen Orten und versuchen, sich ein eigenes Reich außerhalb der gegebenen politisch-sozialen Konstellation zu schaffen.

In dem bloß innerlichen Charakter ihrer Liebesbeziehung liegt die psychische und moralische Stärke, zugleich aber auch die reale und die dramaturgische Schwäche der beiden, die sich von außen bestimmen lassen müssen, vorerst selber nicht aktiv handeln können. Die am Ende des ersten Aktes sichtbare Konstellation ist noch gar nicht konfliktfähig. Erst die Figur der Lady und ihr Handeln bringt den dramatischen Konflikt in Gang. Die erste Runde dieses Konflikts bestimmt den zweiten Akt und schließt an seinem Ende mit einem vorläufigen Patt.

Der Plan des Präsidenten war, Ferdinand durch den Hebel der Hoföffentlichkeit zur Ehe mit der Lady zu zwingen. Ferdinand fügte sich den vom Vater geschaffenen Tatbeständen, weil er hoffte, auf einer ganz anderen Ebene als der der höfischen Kabale, nämlich auf der Ebene menschlicher Überlegenheit, der Lady entgegentreten zu können. Im Gespräch mit ihr wird er zu seiner Überraschung nicht nur mit einem ernstzunehmenden Menschen, sondern auch mit dessen ernstzunehmenden Anspruch auf sein Herz und seine Hand konfrontiert, so daß er sich und seine Liebe verteidigen und dazu aus der bloßen Innerlichkeit heraustreten muß. Erstmals muß er seine Liebe einem Angehörigen der Hofwelt ausdrücklich kundtun. Damit, und erst damit, nehmen die dramatischen Ereignisse im Stück unausweichlich ihren Gang.

Seine Weigerung zwingt die Lady, auf die politische Situation politisch zu reagieren. Durch des Präsidenten vorschnelle Bekanntmachung ist sie unter Zugzwang gestellt, die „Beschimpfung" (38/40) einer öffentlichen Zurückweisung durch Ferdinand zu verhindern: „Rechten Sie mit ihrem Vater [...] Ich laß alle Minen sprengen." (39/2 f.). Ihre Drohung macht sie offenbar wahr; Schiller sagt zwar nichts davon, aber wir können es erschließen: die Lady berichtet dem Präsidenten von Ferdinands Weigerungsgrund, der Musikertochter; daraufhin entschließt sich der Präsident, das Hindernis selbst auszuräumen; Ferdinand hat ein Handeln des Vaters vorausgeahnt und ist schon im Bürgerhaus, so daß es zur

Konfrontation zwischen Vater und Sohn (II,6) kommt. Das wäre eine Rekonstruktion, die die von Schiller dargestellten Ereignisse in einen einheitlichen Zusammenhang bringen kann.

Auch bei weniger scharfer Ausleuchtung der Ereignisse zwischen den Szenen ist die wichtige dramaturgische Funktion der Lady evident. Sie war es, nach ihren Worten, die den Plan zur Heirat mit Ferdinand ausgedacht und damit Fürst, Präsident und Hofmarschall für ihre Zwecke eingespannt hat (28/32–29/7). Auch sie ist eine Figur zwischen Hof und bürgerlicher Wertwelt. Fürstin von Geblüt, Repräsentantin des zum Absolutismus gehörenden Mätressenwesens, Dame von Einfluß und Macht – zugleich aber in einer Weise herz- und tugendbestimmt, wie sonst im Stück nur das bürgerliche Liebespaar. Schiller hat diese Widersprüchlichkeit sehr tief in den Charakter der Lady eingesenkt (vgl. darüber weiter unten S. 74 f.).

Darüber hinaus ist die Lady die Figur, über die sich für den Zuschauer der unmenschliche und gewaltsame Charakter des Absolutismus enthüllt. Die berühmte Kammerdienerszene hat nicht nur den Außenaspekt, Sozialkritik im 18. Jahrhundert zu artikulieren (vgl. hierzu unten S. 79 f.), sondern zeigt für das Stück selbst, welche Willkür und schrankenlose Macht die Untertanen, also auch Familie Miller, gegebenenfalls zu erwarten haben.

Das aktive Dazwischentreten von Lady Milford und der Zwang zur Reaktion darauf gibt auch Ferdinands Liebe zu Luise eine neue Form. Im Gespräch mit der Lady hat er seine Liebe zum Bürgermädchen nicht nur bekannt gemacht, sondern mit dem ganzen Vokabular bürgerlicher Wertvorstellungen erklärt und verteidigt.

Sein Geständnis bewegt sich in Oppositionsbegriffen (38/11–16): gegen „Stand", „Geburt" und „die Grundsätze meines Vaters", also gegen die geltenden Werte der höfischen Welt, wird das private, subjektive Gefühl als höherwertig gesetzt: „aber ich liebe" (38/13). Dabei bemüht er drei gewichtige Begriffspaare:

> „Natur" – „Konvenienz"
> „Entschluß" – „Vorurteil"
> „Menschheit" – „Mode"

Ferdinand weiß sich und seine Liebe in Übereinstimmung mit den Ordnungswerten der bürgerlichen Weltanschauung. „Natur" war der Kampfbegriff, den das Bürgertum der historisch überlieferten Macht der Standesordnung entgegensetzte, im Naturrecht wie im emphatischen Natürlichkeitsbegriff des Sturm und Drang. „Menschheit" bedeutet im Sprachgebrauch des 18. Jahrhunderts sowohl die Gattung wie das Menschliche, das Wort faßt also den Gattungsbegriff inhaltlich: als den in der Gattung Mensch wirkenden Anspruch, das Leben nach den Forderungen der Menschlichkeit einzurichten. „Konvenienz" und „Mode" sind die zufälligen, willkürlichen, nur historisch entstandenen und deshalb auch historisch zu verändernden, oberflächlichen Lebensformen der höfisch-adligen

Gesellschaft. „Vorurteil" faßt diesen Charakter der bestehenden Gesellschaft mit dem Leitwort der Aufklärung zusammen. Die Aufklärung hätte „Vernunft" oder „Einsicht" dagegengesetzt. Ferdinand sagt „Entschluß", aufklärerisches Urteil und den subjektiven Selbstverwirklichungsanspruch des Sturm und Drang in der Formel zusammenziehend. „Entschluß" hat durchaus ein auf die eigene Existenz bezogenes Moment; vom Existenzialismus des 20. Jahrhunderts unterscheidet sich Ferdinands „Entschluß" durch seine Bezogenheit auf die bürgerlichen Ordnungsbegriffe „Natur" und „Menschheit". „Entschluß" bedeutet die Begründung der Liebe aus der Autonomie des Individuums. Der hochadlige Ferdinand von Walter definiert gegenüber der fürstlichen Mätresse in deren höfischem Palais sich und seine Liebe zu einem Bürgermädchen mit dem Zentralgedanken der bürgerlichen Sturm-und-Drang-Ideologie, dem sich selbst bestimmenden autonomen Ich. Schillers Drama zeigt nicht nur, wie oft vermerkt, das gewaltsame Eindringen höfischer Beamten ins bürgerliche Haus und damit die Schwäche und Ohnmacht des deutschen Bürgertums, sondern zugleich auch das Vordringen bürgerlicher Ideologie bis in die Nähe des absolutistischen Thrones.

Ferdinand hat sein „Geständnis" (37/29) „in der schrecklichsten Bedrängnis" (37/26 f.) vorgebracht. Er fühlte sich nicht nur unterm Zwang, sich zu erklären, sondern war offenbar tief beeindruckt und konnte sich dem Werben der faszinierenden Frau nur durch die beschwörende Erzählung von Luise entziehen. Wie groß der Eindruck war, den die Milford auf ihn gemacht hatte, zeigt sich im folgenden.

II,4–7 Die Szene wechselt ins Bürgerhaus. Der Präsident läßt es bereits überwachen. Miller sieht seine schlimmsten Befürchtungen über die Schwatzhaftigkeit seiner Frau bestätigt. In das Durcheinander von Ratlosigkeit und wechselseitigen Vorwürfen stürmt Ferdinand, selbst „außer Atem" (40/30) und doppelt verunsichert. Er weiß nicht, was sein Vater jetzt im Schilde führen wird, und er weiß nicht mehr richtig, wie er zu Luise steht.

Von dieser zweiten Verunsicherung berichtet er, ausgerechnet jetzt, in durchaus erstaunlicher Weise. Der Form nach spricht er von einer *vergangenen* „Stunde" (41/8 u. 11), wo er versucht war, eine andere zu lieben. Dem Inhalt nach vergegenwärtigt er sich diese Stunde derart intensiv, daß sein Verhältnis zu Luise auch jetzt, während er davon spricht, gefährdet scheint (41/10–25). Möglicherweise wollte Schiller nur Ferdinands Bekenntnis zu Luise dramatisch und rhetorisch wirksam vorbereiten; aber der Effekt ist, daß Ferdinands Beziehung zu ihr *jetzt* noch einmal völlig in der Schwebe scheint und erst durch den „Entschluß" (41/26) wieder positiv gesichert wird – was den wenig verläßlichen, voluntaristischen Charakter von Ferdinands Liebe zu Luise noch einmal unterstreicht (vgl. hierzu ausführlicher unten S. 69 ff.).

Luise allerdings merkt, wie schon in I,4, wenig davon, daß sie in der Gefahr war, sein *Herz* an eine andere Frau zu verlieren. Was sie wahrnimmt, ist, daß sie im

Begriff ist, seine *Hand* an die Dame von Stand zu verlieren (41/34f.). Ihre und ihrer Eltern Verzweiflung, daß tatsächlich eintritt, was sie immer erwarten mußten und befürchtet haben, instrumentiert die weitere Entscheidungskette Ferdinands. Nach dem Entschluß, sie weiterhin zu lieben, ringt er sich nunmehr dazu durch, mit diesem Entschluß bewußt seinem Vater die Stirn zu bieten (42/14ff.), um (erst) auf den ausdrücklichen Einspruch Millers hin (42/26–32) seine Absichten auch den Anwesenden zu erklären und Luise ein ausdrückliches Heiratsversprechen zu geben (42/38–43/2).

Im Grunde ist Ferdinand gar nicht voll in der Szene präsent, spricht er gar nicht mit Luise und ihren Eltern, sondern argumentiert ständig auf den nicht anwesenden Vater hin. Luise erscheint hier fast nur als Mittel, um den verlockenden Heiratsplänen mit der Lady zu entsagen, den Lösungsprozeß gegenüber dem Vater zu vollziehen und sich auf die eigenen Füße zu stellen.

Folgerichtig will Ferdinand am Ende der Szene nicht etwa die neu gewonnene Sicherheit mit Luise genießen, sondern den „Entschluß" (43/7) dem Vater verkündigen. Es ist daher äußerst einleuchtend, daß dieser genau jetzt die Szene betritt.

Immerhin: Dem Vater gegenüber hat Ferdinand nun soviel Selbstbewußtsein gewonnen, daß er ihm mit Souveränität gegenübertreten kann. In dem nicht ohne Sarkasmus gezeichneten, heillosen emotionalen Wirbel der Szene behält allein Ferdinand einen kühlen Kopf, sagt er sich von der Schuld der „kindlichen Pflicht" los, tritt er mit pathetischer Geste vor die bedrohte Familie und treibt die Auseinandersetzung mit dem Vater stufenweise bis zu dem Punkt, an dem dieser aufgeben muß, weil der Sohn nicht mehr bereit ist, auf Skrupellosigkeit mit Schonung zu antworten. In dieser ersten Runde der Auseinandersetzung, in der der Präsident törichterweise den offenen Schlagabtausch sucht, ist der ideelle Vertreter des Bürgertums dem Hofmann überlegen, da der Präsident das Licht der Öffentlichkeit zu scheuen hat, Ferdinand aber – entschließt er sich erst einmal, aus seiner Innerlichkeit herauszutreten – nicht.

Bewundernswert – und viel bewundert worden – ist die Wirkungssicherheit, mit der der junge Schiller die Vielstimmigkeit dieses ersten Finale in Szene setzt. Der Aplomb des Auftritts, die folgende Pause (43/15), Ferdinands zögernder Vermittlungsversuch, die zynische Schärfe des Präsidenten, die unterschiedlichen Sprechweisen, in denen sich Miller und seine Frau vorstellen (wie überhaupt die Lebendigkeit der Szene von der weitgespannten Unterschiedlichkeit sich durchhaltender Sprechweisen herrührt); des Präsidenten Einhacken auf Luise; Ferdinands Einmischungsversuche, die erst abprallen, dann aber an Dringlichkeit und Selbstbewußtsein gewinnen bis zum ersten Höhepunkt des unterlassenen Angriffs auf des Präsidenten Leben; das Lospreschen des Alten, das die Szene mit den hereinstürzenden Gerichtsdienern nur noch turbulenter macht, davor der zweite Höhepunkt, des Präsidenten offene Drohung gegen die ganze Familie und Ferdinands schutzengelhaftes Dazwischentreten und Reden (45/34–40); Miller, der die Wirkung dieses Auftritts auf den Präsidenten wieder völlig zunichte macht mit seinem Geplapper vom Leibschneider, Flötenspiel und Herzog; die Turbulenz der beginnenden handgreiflichen Auseinandersetzung am Anfang der siebten Szene, jetzt endlich die Gegenaggression von Ferdinand und damit die stufenweise Umgruppierung der Szene um die neue Achse Ferdinand – Präsident mit der Steigerung ihres Duells bis zur durch nochmalige Dehnung (48/2–6) hinausgezögerten Klimax und dem raschen Ende: das gehört zu den wirkungsvollsten, großartigsten Theaterszenen der deutschen Literatur, und wenn die Zuschauer bereits in der Uraufführung hier in Taumel gerieten (vgl. oben S. 8), so gewiß nicht nur wegen der inhaltlichen Botschaft, daß der bürgerliche Held (vorerst) den höfischen Schurken strahlend aus dem Feld schlägt, sondern auch deshalb, weil die Szene von einem Könner glänzend gemacht worden ist.

Noch kurz ein Wort zu Miller. Schiller zeichnet ihn nicht nur mit prachtvoll plastischen Strichen (z. B. in der berühmten Bühnenanweisung 44/32 f.); sein Verhalten gegenüber dem Präsidenten berührt auch ein wichtiges rechtliches Problem, das Recht des Bürgers auf die Unversehrbarkeit seines Hauses.

Dieser „Hausfriede" ist eine Eigentümlichkeit des germanischen Rechtes (das römische kennt ihn kaum). Das Kaiserrecht von 1372 formuliert: „Der keiser hat genade und fride vor allen dingen bestetiget glich im selber eim iglichen mensche in sim huse." (Osenbrüggen 1857, S. 5) Die bürgerlichen Stadtrechte des hohen und des ausgehenden Mittelalters legen großes Gewicht darauf, daß jeder Bürger in seinem Hause Frieden haben soll (ebd.). Und das „Allgemeine Landrecht für die Preußischen Staaten" von 1794 faßt den Rechtsbestand zusammen:

„§. 525. Niemand darf in eines Andern Haus, Wohnung, oder sonstigen Aufenthaltsort, wider dessen Willen, ohne besondere Befugniß eindringen.

§. 526. Wer dieses thut, oder wider Willen des Besitzers innerhalb seines Bezirks Handlungen vornimmt, zu denen er nicht berechtigt ist, der verletzt das Hausrecht."

Natürlich gibt es seit dem Spätmittelalter eine Konfliktzone dort, wo die öffentliche Gewalt ein zur Wohnung „übergeordnetes" Rechtsinteresse, z. B. Strafverfolgungsrechte, beanspruchte; die Bürger wehrten sich durch Beschränkung solcher Eingriffe auf Gewaltkriminalität, auf die Vollstreckung eines rechtskräftigen Urteils etc. (Darstellung nach Osenbrüggen 1857; neuere Literatur im Artikel „Hausfrieden", Handwörterbuch zur deutschen Rechtsgeschichte, Bd. 1, Sp. 2022–24).

Miller hat verbrieftes Recht auf seiner Seite, wenn er den Präsidenten „Teutsch und verständlich" (45/12 f.) aus seiner Stube weist, auch wenn das angesichts der realen Machtverhältnisse tollkühn ist und von ihm schnell wieder zurückgenommen wird. Schiller nimmt hier bewußt Anleihen beim alten ständischen Bürgertum und seinem gewahrten Recht auf Hausfrieden. Vor ihm hatte das bereits Lenz getan, der seinen Schulmeister Wenzeslaus als „Herrn vom Hause" einen schießwütigen Adligen aus seinem Haus weisen läßt (J. M. R. Lenz, *Der Hofmeister*, III,2).

Dritter Akt

III,1 In der offenen Auseinandersetzung zwischen „bürgerlicher" Liebe und höfischen Machtinteressen hat der höfische Weltmann von Walter eine Niederlage hinnehmen müssen. Das sagt nicht nur etwas über die Kräfteverhältnisse im Stück aus, sondern auch über seine Anlage durch Schiller. Der Konflikt zwischen Hof und Bürgertum ist für den Autor offenbar eine wichtige, aber nicht die wichtigste Konfliktebene des Dramas, ist nur die Form, in der sich die eigentlichen Widersprüche des Stückes – die Problematik der bürgerlichen Liebe selbst – bewegen.

Deshalb ist es im folgenden denn auch Wurm, der jetzt eindeutig die Führung übernimmt und die Intrige plant, die den zweiten, wirkungsvolleren Schlag gegen die Liebenden führt, nun nicht nur von außen gegen die Realisierung, sondern von innen gegen die Fundamente ihrer Liebe. Nur der skrupellose Bürgersmann besitzt die bösartige Scharfsichtigkeit, um die schwachen Punkte in Ferdinands und Luisens Liebe auszuspähen und ihre Beziehung durch ihre eigenen Widersprüche zu zerstören. Diese Widersprüche erklärt Wurm dem Präsidenten in III,1: es sind Ferdinands schrankenlose Eifersucht und Luisens unbedingte Bindung an Vater und christliche Verkehrsformen.

Andererseits zeigt sich auch hier, daß der Standeskonflikt nicht bloße Hülle für ein zeitloses Grundproblem ist. Die Widersprüche der Liebe zwischen Ferdinand und Luise sind selber sozial und historisch vermittelt, mit Luises ständischer Weltanschauung verbunden wie mit Ferdinands ortlosem Idealismus (zu beidem unten Kap. 4); Wurm könnte die Hebel der Intrige bei Vater und Tochter nicht ansetzen, wenn er nicht die Zwangs- und Angstmittel des absolutistischen Herrschaftsapparates dabei spielen lassen würde; und der Motor dieser Intrige sind nicht nur Wurms private Absichten auf Luise, sondern nach wie vor des Präsidenten machtgierige Heiratspläne für Ferdinand.

Am Ende der ersten Szene hat die Hofpartei die eigenen Kräfte wieder gesammelt; in den nächsten Szenen gewinnt sie die Initiative zurück.

III,2 Zuerst müssen die Personen gegen ihren Willen zu Mitspielern gemacht werden: Kalb, Vater Miller und Luise. Der Präsident übernimmt in III,2 den Part, Kalb zu „überreden". Die Szene ist gut geeignet, die Leerheit der Figur zu erklären, zugleich die Regeln der Hofwelt, in denen sie funktioniert. Konkurrenz und Einfluß sind die Prinzipien, denen dort sonst alles untergeordnet wird, schließlich – nach einigem Druck – auch der Adelshochmut (der eheliche Seitensprung ist eigentlich nur mit einer Adligen erlaubt [56/20 f.]) und die „Reputation bei Hofe" (56/26). Das Zauberwort spricht der Präsident aus: „Ich hab das noch nicht gewußt, daß Ihnen der Mann von unbescholtnen Sitten mehr ist als der von Einfluß." (56/27 ff.) Kalb ist nur eine Karikatur eines wirklichen Hofpolitikers wie von Walter, aber die Maximen, nach denen beide sich richten, sind die gleichen, und der eine interpretiert und desavouiert den anderen.

III,3 Inzwischen braucht Wurm nur die Dauer dieser einen Szene, um im geheimen Luisens Eltern „in Verhaft" (57/35 f.) zu bringen. Der Vater wird dem Vorschlag, daß Luise auf Ferdinand Verzicht leisten solle, keinen Widerstand entgegensetzen ·(was genau man ihm gesagt hat, läßt Schiller im Unklaren). Ehe aber Wurm an Luise herantreten kann, sorgen die Liebenden selbst dafür, daß der unsichere Boden ihrer Beziehungen weiter an Tragkraft verliert.

III,4 Ferdinand steht noch ganz unter dem Eindruck des „Sieges" am Ende des vorigen Aktes (die Handlung spielt gegen Abend des gleichen Tages) und phantasiert die Konsequenzen seiner eigenen Loslösung vom Vater aus („Mein Vater ist [. . .] Mein Vater wird [. . .] Der Sohn wird [. . .]" 58/12–17). Im Rausch der neugewonnenen Freiheit macht er das eigene soziale Niemandsland, in dem er sich befindet, zum luftigen Wunschort für sich und Luise: „Höre, Luise [. . .] Du, Luise, und ich und die Liebe [. . .]" (58/21 ff.).
Luise muß bei solch realitätslosen Luftschlössern himmelangst werden, aber Ferdinand läßt sich nicht bremsen und baut weiterhin emphatisch an raum- und zeitübergreifenden Utopien (58/31–59/8). Da er zugleich reale Fluchtpläne hegt, muß Luise nun – zum ersten Mal im Stück – ihrerseits aus ihrer passiven Haltung heraustreten, Ferdinands Schwärmerei den Anspruch ihrer festgefügten eigenen Wertwelt entgegenzusetzen.
Sie tut dies in drei Stufen. Sie beschwört ihre (und Ferdinands) „Pflicht" (59/9) gegenüber dem Vater – eine Pflicht, die sowohl persönlich konkreten Inhalt hat (den Sechzigjährigen, dessen einziges „Vermögen" [59/14] sie ist, vor der Rache des Präsidenten bewahren) wie zur sittlich-moralischen Weltordnung gehört: einem Vaterfluch entkommt ein Kind selbst dann nicht, wenn er von einem Verbrecher stammt (59/24 ff.). Sie beschwört zweitens den religiösen Charakter, den die Standesordnung für sie besitzt und gegen den sie mit ihrer Liebe sich vergeht: „dein Herz gehört deinem Stande – Mein Anspruch war Kirchenraub" (59/36 ff.). Und sie erklärt drittens ihren Verzicht auf Ferdinand als „Opfer", das sie, obwohl es eigentlich Strafe ist, doch zugleich bewußt und freiwillig auf sich nimmt, um die von ihr verletzte Weltordnung wiederherzustellen und zu bestätigen (60/2 ff.). Fast formelhaft faßt Luise in wenigen Sätzen ihr Weltbild zusammen: die Einheit von Standesordnung, Vaterbindung und moralischer Verpflichtung, eine Einheit, die für sie die Wirklichkeit ausmacht und zugleich religiöse Qualität hat (60/5–8).
Ferdinand hört aus alledem nicht Luisens Verzicht und Schmerz heraus, sondern nur die Ablehnung seiner Pläne, die ihn derart verstört (60/13 ff.), daß er am Ende, als sie ihn verabschiedet, fassungslos fragt „Ich entfliehe, Luise. Wirst du mir wirklich nicht folgen?" (60/31 f.) – als stünde ihre Entscheidung noch aus, als hätte sie ihm nicht gerade lange auseinandergesetzt, *warum* sie nicht kann und nicht will. Bei derartiger Selbstverfangenheit nimmt es nicht wunder, daß er nun auf den abwegigsten Gedanken verfällt, hinter ihrer „Pflicht" ausgerechnet einen anderen Liebhaber zu wittern (60/35 ff.).

Schiller hat keinen Zweifel daran gelassen, wie selbstverfangen Ferdinand in dieser Szene ist. Das ist in der bisherigen Forschung auch ausführlich dargestellt worden. Nicht gesehen wurde bisher – wohl weil das Mitempfinden mit der so offensichtlich Leidenden die Interpreten zu sehr für sie einnahm –, daß Luise ihrerseits den Geliebten auch nicht wahrnimmt. Ihn derart mit seinem Stand zu identifizieren (56/36 f.) und ihm eine andere, adlige Frau anzuempfehlen (60/19 ff.), übersieht den ganzen mühsamen Entscheidungsprozeß, mit dem Ferdinand sich von Lady Milford, seinem Vater und seinem Stand losgesagt hat, um mit Luise zu fliehen. So wenig realitätsgerecht Ferdinands Entscheidungen auch gewesen sein mögen, für ihn haben sie große psychische Bedeutung und machen seine Identität aus. Luise aber ahnt nicht einmal, was sie ihm mit ihrem Verzicht antut, so gefangen ist sie in ihrem eigenen Opferwillen, der ebensowenig seine Situation im Blick hat wie sein Verdacht (60/36 f.) die ihre.

Beide Liebenden setzen in dieser Szene sich selbst absolut; beide versuchen, nur noch durchzusetzen, wofür sie schon vorher entschieden waren; beide sind unfähig, den anderen wahrzunehmen. Es gibt in dieser Szene keinen Dialog mehr, sondern nur noch Monologe aneinander vorbei. Noch ehe Wurm auftritt, brechen die Widersprüche zwischen den Liebenden, zwischen Ferdinands Ortlosigkeit und Luisens Eingebundenheit, auf.

III,5 und 6 Luise ist allein, Ferdinand ist im Zorn weggegangen, bereits „fünf volle fürchterliche Stunden" (61/9 f.) wartet sie vergeblich auf den Vater: Wurm hat einen diabolischen Instinkt, mit seinen Plänen im richtigen Moment zu erscheinen.

Die Bösartigkeit und das Geschick, womit Wurm das folgende Gespräch führt, sind oft bewundert worden. Wurm muß Luise willig machen, von sich aus aktiv zu werden, um den Vater aus seiner (angeblich) verzweifelten Lage zu retten, und zugleich muß er ihr klarmachen, daß sie sich dabei ganz seiner Führung zu überlassen hat, weil nur er die Wege kenne, ihrem Vater wirklich zu helfen. Dem dient das vorsichtige, stufenweise Dosieren der Schreckensnachricht (61/1–63/29), die Ironie, mit der er ihren Plan, zum Herzog zu gehen, unterstützt, um seine Aussichtslosigkeit zu zeigen (64/21–38), etc. Der Käfig, in dem Wurm Luise herumjagt, bis sie den einzigen Ausweg findet, den er für sie bereithält, wird durch die Moralvorstellungen der patriarchalischen Familienordnung gebildet. Die Tochter ist verantwortlich für das Wohlergehen des Vaters, die Familienbande sind die wichtigsten Bindungen, die die Tochter überhaupt hat, sie erscheinen als die von Natur gesetzten Bindungen schlechthin (66/24 ff.). Nur ein einziges Gebot gibt es, das im Stande wäre, das Gebot der Fürsorgepflicht für den Vater außer Kraft zu setzen: das Gebot der sexuellen Reinheit: „Helfe dir der Allmächtige, Vater. Deine Tochter kann für dich sterben, aber nicht sündigen." (65/2 f.) Hier ist der innerste Kern weiblicher Selbstidentität innerhalb des bürgerlichen Rollenkonzepts berührt. Eine Lady Milford kann ihre Sexualität durchaus instrumentalisieren, zum Zweck des eigenen Überlebens und zum Wohl der Untertanen; eine Luise Millerin stirbt eher, als daß sie sündigt, und um den Preis der Sünde könnte sie auch ihren Vater nicht vom Tode erretten. Es ist wichtig, die Bindung dieser Wertvorstellungen an den Stand und eine bestimmte Familienstruktur zu sehen, gerade weil sie auch uns heute noch weitgehend selbstverständlich ist.

Angesichts des verzweifelten Widerspruchs zwischen Vaterliebe und Tugend scheint dann der Weg, den Wurm Luise anbietet, immerhin gangbar, um wenigstens den Vater zu retten. Für Luise selbst ist mit dem Brief, den Wurm ihr abpreßt, allerdings jede lebenswerte Zukunft genommen. Denn auch dieser Schritt ist „Schande" (65/19). Die Reihenfolge, in der sie Wurm ansagt, was sie ihm mit diesem Brief übergibt, ist aussagekräftig: zuerst ihren „ehrliche[n] Name[n]" und damit ihre gesamte soziale Identität; dann erst „Ferdinand", die reale Person des Geliebten, an dem sie zum Verräter wurde und dessen Vertrauen sie mißbrauchte; schließlich ihr privates Glück, die „ganze Wonne meines Lebens" (67/17 ff.). Ihr Resümee „Ich bin eine Bettlerin!" (67/19) ist sehr wörtlich und anschaulich zu nehmen: sie hat nichts mehr, was sie ihr eigen nennen könnte, und könnte zumindest in dieser Stadt nur weiterleben, wenn Wurm sie heiratete. Eben darauf hatte dieser seinen Plan auch abgestellt (vgl. 52/25 ff.). Mit bewußter Infamie hat Wurm ihre Vaterbindung benutzt, um zu zerstören, was sie hatte und war. Ihre Bereitschaft zum Selbstmord ist nurmehr folgerichtig und deutet sich in der grausigen Brautnachtsvision (67/30 ff.) bereits an.

Vierter Akt

IV,1 und 2 Im dritten Akt haben Präsident und Wurm ihren entscheidenden Trumpf ausgespielt; im vierten Akt beginnen sich dessen Wirkungen zu entfalten. Zuerst scheint alles nach Wunsch zu gehen. Ferdinand stürmt tobend vor Eifersucht auf die Bühne und verlangt nach dem vermeintlichen Adressaten von Luises Liebesbillet.

Es ist wichtig zu sehen, wie Schiller Ferdinands Reaktion begründet. Auf der einen Seite ist Mißtrauensbereitschaft ein durchgehendes Moment von Ferdinands Liebe. Sie gründet in seinem Ausschließlichkeitsanspruch und führte bereits in III,4 zu offenem Verdacht. Schiller zeigt fast überdeutlich Ferdinands Disposition, auf Wurms Betrug hereinzufallen. Auf der anderen Seite ist Wurms Intrige perfekt gemacht: „es ist ihre *Hand*" (68/24), die den Brief geschrieben, und auch ein weniger vorschnell zur Eifersucht bereiter Liebender wäre hier in Zweifel und Verzweiflung gestürzt worden.

Ferdinands Reaktion ist nicht nur der Mangelhaftigkeit seiner Liebe zuzuschreiben; das zeigt sich auch daran, daß sein Monolog IV,2 weniger von Wut und Eifersucht, als von Fassungslosigkeit bestimmt ist. Passagen offener Vorwürfe – Luise taucht dann nur im erschreckend unpersönlichen „man" auf (68/26 u. 28)

– sind eingesprengt in, vorherrschende, Sätze des Nichtbegreifenkönnens, vom „Es ist nicht möglich." des Anfangs (68/19) bis zu den ratlosen Fragen des Endes (69/23 ff.). Nicht nur Ferdinands Wünsche, vor allem seine Erfahrungen mit Luise lassen sich nicht vereinen mit dem, was er hier unwiderlegbar in der Hand hält. Und an der Erfahrung der Gemeinsamkeit wird er festhalten, auch über die weiteren Szenen hinweg. Wurms Intrige scheint zwar in der Stärke, nicht aber in der Richtung klug berechnet zu sein: Ferdinand ist verzweifelt, aber vorerst alles andere als distanziert.

IV,3 Bereits in der nächsten, der Duellszene, droht Wurms Plan vollends aus dem Ruder zu laufen. Der Hofmarschall ist angesichts von Ferdinands grimmiger Entschlossenheit der Rolle nicht gewachsen, die ihm zugedacht war, und gesteht den Betrug. Nur, daß Ferdinand, in seiner Betroffenheit verfangen, nicht richtig zuhört, verhindert die Aufklärung.

IV,4 Der Übergang zum folgenden Monolog (73/2 ff.) und dessen Anfang widerlegt alle diejenigen, die meinen, Schiller sei vorwiegend Ideendramatiker, für den die Menschen in seinen Stücken nur Mittel zum dramaturgischen und ideellen Zweck darstellten. Schiller ist viel mehr Psychologe, als man gemeinhin weiß; an dieser Stelle wird das sehr deutlich (vgl. dazu allgemein Kommerell, *Schiller als Psychologe*). Wie Ferdinand seinem eigenen, Kalb gegenüber eher hingeworfenen „Die Millerin ist verloren" (72/36 f.) nachsinnt, wie ihm im Nachsprechen (73/3–6) allmählich eine Dimension dieses Wortes „verloren" aufgeht, die in seinem Unbewußten gründet und die Wahrheit seiner Liebe zutagefördert, daß nämlich an der Gemeinsamkeit mit dieser Frau seine gesamte psychische Existenz hängt – das führt in Tiefenschichten der Person, wie man sie gemeinhin eher bei Kleist als bei Schiller vermutet.
Das folgende, Rechten mit Gott und Schreckensvisionen, ist in der Sekundärliteratur durchweg unter dem Aspekt Hybris und Maßlosigkeit, also unter charakterologischen und moralischen Gesichtspunkten, behandelt worden. Die innere Problematik und die historische Genese von Ferdinands Charakter wird mit solcher Etikettierung eher verdeckt als einsichtig gemacht.
Es ist noch einmal daran zu erinnern: im Gespräch mit der Lady (II,3) hatte Ferdinand seine Liebe zu Luise aus der Autonomie seines Ich, mit den Ordnungsbegriffen der bürgerlichen Emanzipationsbewegung, begründet. Jetzt schwingt sich dieses autonome Ich bis zur Partnerschaft mit Gott auf. Es liegt nahe, auf die Parallele zu Goethes *Prometheus* zu verweisen und damit die Zeittypik dieses geniehaften, für den Sturm und Drang kennzeichnenden Ichgefühls herauszustellen. Goethes imaginierte Gottgleichheit des Menschen gründet allerdings in Prometheus' Schöpferkraft, während Schillers Ferdinand seinen Anspruch, mit Gott zu rechten, aus der Entscheidung ableitet, mit der er sich an Luise und sie an sich gebunden hat: „Das Mädchen ist mein. Ich trat dir deine ganze Welt für das Mädchen ab [. . .] Laß mir das Mädchen." (73/6 ff.)

Ferdinand spricht hier vom Angelpunkt seiner Existenz. In keinem Stand zu Hause, seinen Vater und die Hofwelt verachtend, im Bürgerhaus ein Fremdling, ist er der Typus des isolierten Individuums: ein einsamer, nur auf sich selbst gestellter Mensch, der seine Isolierung von allen andern, von Gottes „ganzer herrlicher Schöpfung" (73/8 f.), bejahen konnte, als er dieser einen Frau begegnete und seine Ich-Identität auf der Bindung an sie gründete. Im fünften Akt fragt er Luise, ob sie eigentlich wüßte, daß sie ihm „alles" war, und grübelt dann über dieses Wort „Alles!" nach (95/3 ff.). Es ist in der Tat wörtlich zu verstehen: Ferdinands Identität gründet in der Beziehung zu Luise. Mit dem Recht seines Ich, das auf alle anderen Bindungen verzichten kann um dieser einen willen, fordert er von Gott, diesen einzigen Besitz behalten zu dürfen. „Das Mädchen ist mein!" (73/6 f. u. 15), und es soll es über den Tod hinaus bleiben, wenn nicht im Glück, dann in der Verzweiflung und der Verdammnis.

Denn nicht, um sich für Treuebruch und Leid zu rächen, verlangt er die Verfügungsgewalt über Luise – Bestrafung bleibt auch im folgenden ein untergeordnetes Hilfsmotiv –, sondern um die Verbindung mit ihr gerade über den Treuebruch hinaus zu verlängern. Die grausige Jenseitsphantasie, mit der Ferdinand sich die „Vermählung" in und nach Mord und Selbstmord vorstellt (73/17 ff.), zeigt, wie groß die psychische Energie ist, mit der er an seiner Bindung zu Luise festhält: wenn Liebe und Glück in diesem Leben unmöglich geworden sind, dann sollen Haß und gemeinsame Verzweiflung die Verbindung im Jenseits nur unauflöslicher machen. (Diese Interpretation wird bestätigt durch eine Variante, die Schiller bei der Bühnenbearbeitung im fünften Akt eingefügt hat, vgl. unten S. 54 f.)

Hier werden gerade nicht Anmaßung und Maßlosigkeit eines Ichverfangenen gegeißelt, sondern es wird die ins Extreme getriebene Wahrheit eines isolierten, bindungslosen Individuums dargestellt. Das zeigt nicht nur dieser Monolog, sondern auch der weitere Gang des Stückes. Denn Schiller gibt der psychischen Energie, mit der Ferdinand an der Bindung zu Luise festhält, durch die Konstruktion des Dramenschlusses recht: erst Ferdinands Wille, seine Ewigkeitsphantasie tatsächlich wahrzumachen, sich durch den gemeinsamen Tod an Luise zu fesseln, erzwingt die Auflösung der Intrige, befreit Luise vom Schwur und stellt die Einheit zwischen den Liebenden wieder her, wenn auch erst im Augenblick des Todes. Die deutliche Kritik, die Schiller durch die Darstellung an Ferdinands Selbstverfangenheit übt, darf nicht darüber hinwegtäuschen, daß er dem, was Ferdinand und Luise ihre Liebe nennen, das Recht einräumt, Existenz und Handeln der Figuren zu begründen – auch wenn er keine Chance sieht, diese Liebe innerhalb der Zustände, die herrschen (einschließlich der psychischen Prägungen der Individuen), zu verwirklichen.

IV,5 Der folgende Dialog gilt gemeinhin als schwach. Im Mannheimer Souffierbuch hat Schiller die Szene zuletzt ganz gestrichen, davor aber auf ein Drittel zusammengekürzt. Die vorgetäuschte Hochachtung des Präsidenten ist bei der Kürzung fortgefallen (womit allerdings Ferdinands „Mein Vater billigt meine Wahl" in V,2 [92/27 f.] in der Luft hängt); übriggeblieben ist, daß der Vater „mit erzwungener Güte" (Bühnenanweisung) Kontakt zu seinem Sohn sucht, und daß Ferdinand mit Selbstanklagen den Vater um Verzeihung, seinen Segen und ein fürbittendes Gebet anfleht. Diese Gestaltung der Szene ist sicher glücklicher als die der Buchfassung, weil sie den Dialog auf Ferdinands Situation konzentriert. Herausgestellt werden nun seine Verzweiflung und die Unzerstörbarkeit einer Vaterbindung, bei der ihm wieder der Autor über die Schulter schaut: wichtig für Schiller, daß ein ernstzunehmender Sohn nicht Selbstmord begeht, ohne nicht noch einmal die Hand des Vaters gesucht zu haben.

IV,6–9 Auch die folgende Szenenfolge gilt vielen als wenig gelungen. Die Theatralik des Abgangs der Lady sei zu dick aufgetragen, die sprachliche Gewandtheit und Sicherheit der Luise passe nicht zur sonstigen Zeichnung der Figur, die Szenenreihe sei funktionslos für den weiteren Verlauf der Haupthandlung etc. Hier wird Schillers Jugendwerk erkennbar am Maßstab der Klassik gemessen: Natürlichkeit, Einheitlichkeit der Charakterzeichnung und Geschlossenheit der Handlungsführung. Stattdessen ist zu fragen, was Schiller mit dieser Szenenreihe beabsichtigte.
Zweifellos, daß die Milford noch einmal einen eigenen Auftritt erhalten mußte. Ihre bisherige Rolle im Handlungsablauf und ihre Bedeutung als Trägerin bürgerlicher Wertvorstellungen verlangten einen großen Abgang. Schiller gestaltet diesen Abgang so, daß des Präsidenten Hausmachtpläne und mit ihnen Wurms Intrige bereits zur Hälfte gescheitert sind, ehe der letzte Akt überhaupt beginnt. Nach Kalbs – folgenlosem – Versagen zeigt bereits der Abschied der Lady vollends, daß in Schillers Weltbild Menschen nicht einfach berechnet werden können, sich nicht beliebig benutzen lassen, sondern nach eigenen Zielen handeln. Zugleich wird mit dem Brief an den Herzog noch einmal der politische, feudalismuskritische Aspekt scharf herausgestellt, wie er durch die Kammerdienerszene mit der Figur der Lady verbunden worden war.
Zu diesen dramaturgischen Zwecken hätte es allerdings kaum der aufwendigen Begegnung beider Frauen bedurft. Es muß den in Widersprüchen denkenden Dramatiker Schiller unwiderstehlich gereizt haben, die beiden Rivalinnen miteinander zu konfrontieren und sich aneinander messen zu lassen, so, wie er es später mit größerer Überzeugungskraft in der Begegnung zwischen Maria Stuart und Elisabeth von England versucht hat. Fragt man für *Kabale und Liebe* nach dem Gewinn für beide Figuren, so läßt sich dem Text der Szene folgendes entnehmen: Bei Luise kam es Schiller offensichtlich darauf an, ihre Ebenbürtigkeit gegenüber der Lady herauszuarbeiten, um einen Augenblick lang die Vision eines starken, kämpferischen Bürgertums aufleuchten zu lassen. Diese Ebenbürtigkeit, ja Überlegenheit gründet in Luises Selbstsicherheit, die dreifach abgestützt ist: Luise ist sich ihrer „bürgerlichen Unschuld" (78/16) als eines hohen und allgemeinen Wertes bewußt, den sie gegen die Lasterhaftigkeit der Hofda-

me setzt (78/31 ff.); sie ist sich auch ihrer bürgerlichen „Herkunft" (79/23) als einer beschützenden Heimat bewußt, die trotz ihrer Enge zumindest Möglichkeiten des Glücks und der Selbstidentität bereithält, die die adlige Dame in all der Höhe und dem Glanz ihres Standes niemals gewinnen kann (79/33–80/11); und schließlich ist sie sich nicht nur ihrer eigenen Liebe zu Ferdinand sicher, sondern inzwischen auch des ihr abgepreßten Verzichts auf die Realisierung dieser Liebe. Wir dürfen vermuten, daß ihr Entschluß zum Selbstmord bereits vor dieser Szene gereift ist, daß er die rätselhafte Äußerung (75/15 f.) erklärt: Luise will vor dem eigenen Tod die Frau selber sehen, an die sie Ferdinand verlieren sollte. Sicher ist, daß sie aus der Tiefe ihres Elends die Kraft schöpft, der mächtigen Milford Zug um Zug Widerstand zu leisten (vgl. 79/17 ff.). Am Ende spielt sie einen Augenblick lang mit dem Gedanken, echt schillerisch den erzwungenen Verzicht in den eigenen Willen aufzunehmen und ihn durch Großmut um den Stachel des Zwangs zu bringen (81/21 ff.). Statt dessen belastet sie bei ihrem Abgang, noch einmal von Verzweiflung übermannt, die Rivalin mit der moralischen Schuld nicht nur an ihrem Leiden (81/28 ff.), sondern auch an ihrem Selbstmord (81/39 ff.). Luises Sicherheit war groß genug, der anderen ebenbürtigen Widerstand entgegenzusetzen, sie reicht jedoch noch nicht aus, mit sich selbst ins Reine zu kommen. Luise verläßt die Szene in offener Verzweiflung (82/1 f.). Aber sie hat auch noch die lange Zeit im dunklen Zimmer am Anfang des fünften Aktes, die Auseinandersetzung mit dem Vater und die letzte Begegnung mit Ferdinand vor sich.

Anders die Lady. Sie hat jetzt ihren letzten Auftritt und muß nach Luises Abgang die mehrfache Niederlage, die sie im Gespräch mit der Bürgerstochter erlitten, wieder wettmachen. War sie im Dialog ganz Dame von Hof, die durch geschicktes Wechselspiel von Bestechung und Drohung der Gegnerin den eigenen Besitzwillen aufzwingen und sie sich gefügig machen wollte, so wird sie jetzt zur (ersten weiblichen) Schillerschen Probefigur auf Ichautonomie, die sich im ideellen Wettstreit mit Luise zu eigener Größe, zur absoluten Selbstbestimmung im völligen Verzicht aufschwingt, ihr bisheriges, aus gutem Willen und Laster gemischtes Leben von sich abwirft und ein neues in Armut und Arbeit beginnt. Das erinnert in der Geste an den Schlußverzicht Karl Moors oder Maria Stuarts und ist in Schillers Weltbild die letzte und höchste Tat des Helden, in der er zeigt, was dem Menschen möglich ist: alles Irdische von sich abzutun, um sich selbst und die höchste Moralität zu gewinnen (vgl. dazu ausführlicher unten S. 74). Gleichzeitig ist dieser Abgang ein von Schiller genau gesetzter, wirksamer Theatercoup, ehe das eigentliche Finale beginnt.

Fünfter Akt

V,1 Der letzte Akt beginnt wieder mit einem auf große theatralische Wirkung berechneten Kontrast. Nach dem spektakulären Abgang der Lady im „sehr prächtigen Saal" ihres Schlosses mit „sehr bewegt" auseinandergehendem Volk jetzt die finstere, stille und bedrückende Bürgerstube, in der Luise sich so tief in die Einsamkeit zurückgezogen hat, daß Miller – auf Luises Brief hin aus dem Gefängnis entlassen – sie auch mit der „Handlaterne" nicht findet.

Das langsam in Gang kommende Gespräch zwischen Vater und Tochter kann in seiner Bedeutung für die innere Problematik des Stückes kaum überschätzt werden. Es scheint die tröstende Heimkehr der Tochter aus ihrer aussichtslosen Affaire in den Schoß der väterlichen Liebe zu bringen. In Wahrheit bedeutet es jedoch die Entmündigung der Tochter durch den von ihr selbst „barbarisch" genannten Liebes- und Autoritätsanspruch des Vaters. Dieser Aspekt ist bisher in der Literatur zum Stück wenig gesehen, scheint uns aber sowohl für die Interpretation des Dramas, wie für seine historische Einordnung und sein heutiges Verständnis von großer Wichtigkeit.

Der Anfang der Szene zeigt, was Luise durch den „hart" (86/35) erkämpften Entschluß zum Selbstmord gegenüber ihrer Verzweiflung in IV,8 erreicht hat: Seelenfrieden und Selbstidentität (86/21–87/6). Nachdem ihr durch den Eid jeder andere Weg versperrt ist, den erzwungenen Betrug an Ferdinand wiedergutzumachen, findet sie nur noch im Tod die Hoffnung, die Beziehung zu ihm, die ihr ganzes Herz ausfüllt, wiederherzustellen. Dieser Hoffnung ist sie sich sicher: dem Netz, das der Präsident über sie geworfen, wird sie entkommen (87/9ff.), sie wird damit ihre Selbstachtung und ihre Ehre wiederherstellen, und Ferdinand wird den Appell an „nichts [. . .] als dein Herz" (88/3) verstehen (88/13f.). Den gemeinsamen Tod, den von ihr mit Sicherheit erwarteten Doppelselbstmord malt sie sich in hellen Farben als endliche, auch sexuelle Vereinigung, als „Brautbett" aus (88/25ff.).

Doch, was für Luise die letzte, ihr noch erreichbare Erfüllung bedeutet, das ist für den Vater nicht akzeptierbar. In einer mehrstufigen, massiven Argumentation bedrängt er die Tochter, ihren Plan aufzugeben.

Zuerst argumentiert Miller allgemein religiös und moralisch: Selbstmord sei die schlimmste Sünde; daß sie nur daran denken könne, entziehe ihr bereits die Gnade Gottes, die sie zur Sühne dieses Frevels um so nötiger hätte (89/1ff.). Luises Hinweis, daß sie diese Tat doch nur aus Liebe begehe (89/14), läßt Miller über eine Antwortfloskel (89/15f.) schnell zum tieferen, privaten Antrieb seines Drängens kommen: zu sich selbst und seinem Gram (89/16ff.). Vorgeblich will er ihr „Herz nicht *noch* schwerer machen" (89/17f.), tatsächlich tut er gerade dieses. Er belastet sie mit der Einforderung von Liebesschuld, zuerst in der Form scheinbaren Gewährenlassens bei tatsächlichem Appell an überpersönliche Pflicht (89/21f.), dann in offener Rechenhaftigkeit: Liebe, die auf Freiwilligkeit beruhte, wird eingefordert wie eine finanzielle Schuld (89/23ff.). Nicht um ihrer selbst willen scheint dieser Vater seine Tochter geliebt zu haben, sondern um in ihrem Herzen ein „Kapital" (89/26) an Zuwendung angelegt zu haben, das er bei Bedarf nach seinem Willen zurückfordern kann, will die Tochter nicht als das Schändlichste dastehen, das der Bürger kennt: als Dieb (89/28 f.). Das ist eine entlarvende Sprache: die Liebe als dingliches Schuldverhältnis. In der Entwicklungslinie von Lessing zu Hebbel, von Sir Williams selbstlosem Gewährenlassen zu Meister Antons Verdinglichung der Tochter, steht Schillers Musikus Miller in dieser Szene näher an Hebbel als an Lessing.

Luise entzieht sich dem Drängen des Vaters noch einmal, indem sie die Geldmetaphorik, gut protestantisch, ins Jenseits fortspinnt. In der Ewigkeit werde sie ihre Schulden an dem Vater tilgen (89/31 ff.).

Der Vater allerdings, besserer Theologe als sie, läßt ihr auch dort keine Ruhe. Ob sie sicher sei, als Selbstmörderin mit ihm in den Himmel zu kommen (89/34 ff.)? Es folgt eine verschärfte religiöse Argumentation, in der der Vater wiederum scheinbar an die Selbstverantwortlichkeit Luises appelliert und als bloßer Ratgeber auftritt (90/7), tatsächlich aber sie unter Druck setzt, indem er ihr das in seinen Augen Verbrecherische ihrer Absicht mit grellen Farben vor die Seele malt (90/8 ff.), das ganze ist der mit Abstand längste Redepassus Millers im Stück.

Als auch dies noch nicht die gewünschte Wirkung zeigt (vgl. 90/19 ff.), wirft er noch einmal sein ganzes persönliches Gewicht auf die Waage. Mit theatralischer Geste gibt er die angemaßte Verantwortung für Luise an Gott zurück, malt die zu erwartende Strafe Gottes aus und belastet sie zusätzlich mit seinem väterlichen Fluch (zu Luises Angst vor einem Vaterfluch vgl. oben S. 44), um endlich Luises Freitod als Vatermord darzustellen (90/28 f.). Fluch und drohender Kontaktabbruch (90/29) würden Luise gerade um den für ihr Dasein höchsten Wert der Vaterbeziehung bringen, um dessentwillen sie sich auf das höllische Spiel Wurms überhaupt eingelassen hatte. Verzweifelt bittet sie den Vater um Einhalt (90/21 ff.). Noch ist sie ratlos (90/33 f.), aber sie wird tun müssen, was sie soll und doch nicht kann: zum zweiten Mal den Geliebten um des Vaters willen verraten. In die Falle, in die Wurm sie gejagt hatte, schickt sie der Vater erneut und um so auswegloser, als sie nun freiwillig – und endgültig – bestätigen soll, wozu sie vorher nur gezwungen wurde. Hellsichtig, wie Schiller die Zwangsmechanismen der bürgerlichen Familienstruktur hier in ihrem Funktionieren zeigt, lange vor *Maria Magdalena* oder Strindberg, läßt er Luise diese Mechanismen aussprechen: „Daß die Zärtlichkeit noch barbarischer zwingt als Tyrannenwut!" (90/32 f.)

Jetzt bringt der Vater die Alternative auf ihren persönlichen und libidinösen Kern: „Wenn die Küsse deines Majors heißer brennen als die Tränen deines Vaters – stirb!" (90/35 f.) – ein vieldeutiger Satz.

Luise hatte in ihrem freiwilligen Tod die bis zur Selbstpreisgabe durchgehaltene Treue zum Geliebten und die Fürsorge für den Vater miteinander versöhnen wollen. Der Vater zwingt sie erneut zur Wertekonkurrenz – sicher besten Willens und durchaus in Einklang mit seiner christlichen Religion, darum nicht weniger eigensüchtig und durchaus in Kenntnis ihrer qualvollen Situation (daß Miller Luises Brief an Kalb, wenn nicht im Wortlaut, so doch dem Sinn nach kennen muß, geht aus 52/15–19 u. 58/4 f. hervor).

Luise wendet sich in diesem Zwiespalt („Verbrecherin, wohin ich mich neige!" 90/40) der stärkeren, weil in ihrer prägenden Kraft älteren Seite zu: „Ferdinand – Gott sieht herab! – So zernicht ich sein letztes Gedächtnis." (91/1 f.) Für den Vater ist es die Stunde des höchsten Triumphes. Er hat Luise auf den Boden des orthodoxen Christentums und in die Schranken ihres Standes zurückgeholt, und er hat den Nebenbuhler ausgeschaltet. Er kann jetzt auch wieder verständnisvoll sein (91/3 f.) und rührende Zukunftsmodelle malen (91/17 ff.).

Für Luise bedeutet es, daß ihr der einzige Akt traditionell weiblicher Selbständigkeit, der der eigenen Gattenwahl, vom Vater zunichte gemacht wurde, daß ihr Versuch, Selbstidentität in ihrer Liebe zu wahren, vereitelt wurde, daß sie ihren Geliebten und seine Liebe endgültig verraten hat – aber auch, daß sie in ihrem Stand kaum noch leben kann; zumindest an diesem Ort ist ihre Ehre und ist ihr guter Name zerstört. Kein Trost, daß der Vater in seiner Phantasie das Bild eines unterbürgerlichen Daseins als fahrender Sänger erfindet, mit Luise nur noch als Kunstfigur und Objekt, Objekt seiner Ballade wie des Mitleids fremder Leute. Für den Stadtmusikanten, der seinen ständischen Platz immer gegen die sozial deklassierten fahrenden Musikanten hat verteidigen müssen, ist dies im übrigen eine verzweifelte Vorstellung (vgl. dazu Kellers Schwarzer Geiger in *Romeo und Julia auf dem Dorfe*).

V,2 Millers rührender Trostplan wird abrupt (auch im Druckbild des Buches: ein unvollständiger Satz 91/24) unterbrochen von Ferdinands Eintritt. Der scheint willens, kaltblütig und zynisch Luise zum Eingeständnis ihres Verrats zu zwingen, um dann sein Urteil an ihr und sich zu vollstrecken. Der Plan zum gemeinsamen Sühnetod ist, wie sich später zeigt, von ihm bis ins Detail vorbereitet (vgl. 101/1 ff. u. 108/10). Luise ahnt es sofort: „Mich zu ermorden, ist er da." (91/32) Vergeblich versucht der Vater, sie vor Ferdinands Zugriff zu schützen (er vergißt dabei in der Erregung sogar das ehrerbietige „Sie", 93/21). Luise bleibt keine Wahl. Vorgeschichte, Eid und Gegenwart des Vaters zwingen sie, Ferdinands Frage, wenn auch erst nach einem erneuten „qualvollen Kampf" (94/15), zu bestätigen, zumal er in seiner Verblendung nur nach der Abfassung des Briefes und nicht nach der Wahrheit des Faktums fragt: sie muß zur Antwort nicht einmal lügen.

Ferdinand weiß nun, was er wissen wollte. Um so erstaunlicher ist seine Reaktion (94/18 ff.). Tief in seinem Herzen war er offenbar bis zu diesem Augenblick gespalten, gab es – wie sich nun zeigt – einen Bereich, der sich der Einsicht in die Tatsachen entzog. Offenbar dringt der Treuebruch jetzt erst bis dahin vor und das Innerste seines Herzens wehrt sich, hilflos zuerst, höchst zweideutig sodann (der Satz: „warum sollten Handschriften schwerer nachzumachen sein, als Herzen zu verderben?" [94/25 ff.] setzt in seinem zweiten Teil gerade das als Erfahrung voraus, was der erste zu leugnen versucht: wie tief muß die innere Zerrissenheit dieses Menschen gehen) – schließlich mit der verzweifelten Bereitschaft, für ein Zeichen der Zusammengehörigkeit selbst das zu opfern, was bisher wohl der höchste Wert für ihn gewesen sein dürfte: die Wahrheit (94/29–36).

Selbstverständlich würde eine Lüge auch für Ferdinand keine Lebensbasis mit Luise abgeben, aber daß er in diesem Augenblick fast um sie bettelt, zeigt, was die Beziehung zu ihr für diesen Einsamen bedeutet: „alles [. . .] Alles! – [. . .] Alles!" (95/3–6) Auf die Möglichkeit der Beziehung zu dieser Frau hat er seine Existenz und sein Weltbild gegründet. Sie hat für ihn damit metaphysischen Rang; Luises Verrat ist „frevelhaft" (95/6). Der nun offensichtliche Zusammenbruch dieser Beziehung läßt ihn selbst verwüstet zurück (vgl. 95/12 f.) und öffnet den Weg zur Vollendung des tödlichen Plans: „(Nach einigem Nachdenken.) Noch eine Bitte, Luise – die letzte!" (95/13 f.) (Der Rhetoriker Schiller spielt wieder mit der Doppeldeutigkeit des Wortes.) Luise soll den Trank, in den er das Gift zum gemeinsamen Tod wirft, selber zubereiten: nicht einfach „bringen", sondern „zurechtmachen" (95/16).

V,3–6 Die Szenenfolge stellt eine lange, von untergründiger Spannung erfüllte Atempause vor dem Crescendo des Finales (V,7–8) dar. Noch einmal wird Ferdinands Verwirrung durch Luises Geständnis betont: er hat große Mühe, in die Alltagswelt Millers zurückzufinden (95/27 ff.). Dann muß er sich die Konsequenzen vor Augen führen, die sein Plan für Miller haben wird (96/21 ff.). Die ausführlichen Bedenken, die er sich in seinem Monolog V,4 macht, fallen überzeugender aus als die sophistische Schlußwendung, mit der er sie abtut.

Zwiespältig dann der Tanz um das Geldgeschenk, den Miller in der nächsten Szene aufführt (98/15–100/9). Aussagekräftig auch er, weil er die immense Distanz aufzeigt, die zwischen reich und arm in diesem Stück besteht. Dem in immerhin geordneten Verhältnissen lebenden Miller werden für einen Augenblick gesellschaftliche Möglichkeiten sichtbar, auf die die Familie immer hat verzichten müssen, was hier erst deutlich wird. Grotesk und erschreckend jedoch, wie der Aspekt des „Abkaufens", der Miller erst ganz zum Schluß aufgeht (110/11), für den Zuschauer bereits jetzt präsent ist (als Motiv hatte ihn Schiller schon in der ersten Szene mit Millers Wort vom „Blutgeld meiner Tochter" [7/18] eingeführt). Auch Ferdinands herrenhafte Geste, mit der er Miller auszahlt, steht durchaus im Zwielicht. Sie hat ein fatales Moment von subjektiver Hilflosigkeit und objektivem Zynismus; es ist durchaus in Ferdinands Interesse, wenn er sich Millers peinliche Glücksphantasien schließlich verbittet (100/11).

Noch ist Millers Entfernung und des Präsidenten rechtzeitiges Kommen zu inszenieren, zugleich dabei Raum zu gewinnen, um das Gift in die Limonade zu praktizieren, dann sind Ferdinand und Luise allein.

Das *Mannheimer Soufflierbuch* enthält eine wichtige Variante zur Szene V,6. Schiller hat dort der letzten Rede Ferdinands noch einen Satz hinzugefügt:

„ihr guter Engel verläßt sie – (indem er Gift hineinschüttet) Woltätiger abscheulicher Trank! was der feurigsten Liebe unmöglich war, kannst *du:* – uns vereinigen!" (Mannheimer Soufflierbuch, 116/12 f.)

Nicht Rache, sondern Wiederherstellung der zerstörten Liebeseinheit im Tod ist Ferdinands Absicht.

V,7 Das Ende beginnt mit einer quälend langen Vorhaltespannung. Während das Gift im Glas sichtbar und griffbereit dasteht, halten Ferdinand und Luise einander erst einmal auf Distanz, jeder, auf Kosten des anderen, sich selbst schützend, sie konventionell, er „sehr hämisch". Doch: beide sind einander viel zu nahe, als daß diese künstliche Distanz den andern nicht verletzen müßte. Die Verletzungen steigern sich gegenseitig, bis schließlich Luise das Maskenspiel durchbricht: „O Jüngling! Jüngling! Unglücklich bist du schon, willst du es auch noch verdienen?" (102/39 f.).

Die Wendung ist erstaunlich. Man sollte sich hinlänglich wundern über sie und die ihr folgenden Parallelstellen; es würde viel Raum fordern, auszuformulieren, was in Luises Seele vorgegangen sein muß, ehe sie diesen Satz spricht. Ferdinand hatte eben versucht, sie und sich auf die Rolle leichtfertiger Promiskuität festzulegen (102/24 ff.). Doch Luise, statt auf Ferdinands Zynismus mit Rückzug oder Gegenaggression zu antworten, wechselt abrupt die Perspektive und spricht Ferdinand auf der Ebene der Wahrheit ihrer Beziehung an. Die Wendung wiederholt sich im Laufe der Szene noch zweimal. 104/3 ff. antwortet Luise auf eine erneute Beschimpfung („Metze") mit dem offenen Appell an ihre Liebe; 104/38 ff. antwortet Ferdinand auf Luises Zurechtweisung mit der beschwörenden Erinnerung an die glückliche Vergangenheit.

Das heißt: beide Liebenden halten die Entfremdung, die sie in diesem Dialog zusätzlich produzieren, nicht aus und durchbrechen sie selbst. Schiller glaubt an die Möglichkeit von Verständigung und Liebe hinter allen Mißverständnissen und aller Entzweiung. Sein Idealismus zeigt sich nicht in Worten und Postulaten, sondern als treibende Kraft im dramatischen Geschehen. Anders als bei Hebbel oder am Ende des 19. Jahrhunderts mißverstehen und quälen bei Schiller die Liebenden nicht nur einander, sondern finden sich auch. Das, was sie einander antun, löst beim jeweils Anderen nicht nur Verzweiflung und Zorn, sondern immer wieder unvermutete Reaktionen der Zuwendung aus.

Der Widerspruch von Aggression und Liebe bestimmt nicht nur einzelne Wendepunkte des Dialogs, er liegt der Gesamtkonstruktion des Dramenschlusses zugrunde. Erst durch den vernichtenden Zugriff auf Luise, erst durch den Mord an ihr löst Ferdinand Luise aus der Verstrickung der Intrige und gibt ihr die Sprache zurück, stammelnd die volle Wahrheit zu sagen. Erst durch die Zerstörung ihrer beider Leben wird die Basis ihrer Gemeinsamkeit wieder freigelegt.

Es scheint uns wichtig, zu sehen, daß Schiller viel daran setzt, nicht nur beide Seiten dieses tragischen Widerspruchs im Ablauf der Szene sehr scharf herauszuarbeiten, sondern zugleich aus dem Sich-aneinander-Abarbeiten beider Seiten, gleichsam quer durch beide Charaktere hindurch, den Gang der äußeren und inneren Handlung voranzutreiben.

Erst Ferdinands überzogener, sich verselbständigender Zynismus (102/24 ff.) bringt Luise dazu, die konventionelle Dialogebene zu verlassen und an sein besseres, eigentliches Selbst zu appellieren. Ihre Offenheit verstellt ihm die letzte Zuflucht, die der „Verachtung" (103/11); sie zwingt ihn, Luise ernstzunehmen, und stellt ihn damit wieder vor die Unvereinbarkeit mit Luises offensichtlichem Verrat. Jetzt erst greift er zum lange bereitstehenden Glas. Das auffällige Faktum, daß er erst selbst trinkt und dann das Gift Luise aufzwingt (Karl Philipp Moritz hatte es bemängelt), deuten wir so, daß Schiller auch hier klarmachen wollte, daß nicht einer sich am andern rächt, sondern daß Ferdinand die Liebe an ihren unfähigen Geschöpfen bewähren will.

Vor der Ungeheuerlichkeit seiner Tat flüchtet Ferdinand nicht nur räumlich in den „hintersten Winkel" (103/21), sondern auch sprachlich in erneute Zynismen. Luise, auf ihn bezogen, holt ihn stufenweise wieder heraus (103/39–104/38). Ohne eigenen Willen taumelt er zwischen den beiden Bildern, die er von ihr hat, hin und her (vgl. die Bühnenanweisungen S. 104). Ausgerechnet, als sie ihn dann zurechtweist, „stürzt" er „ihr heftig weinend an den Hals" (104/38).

Was sie gesagt hat, hat er gar nicht gehört. Die Schiller-Forschung hat Luises Verdikt 104/36 f. um so ernster genommen und zum Teil Ferdinands Charakter aus dem hier kritisierten Zug der „frevelhaften" Hybris zu entwickeln gesucht – was, u. E. die objektive Rechtfertigung übersieht, die Schiller für Ferdinands Freveltat im Ausgang des Stückes bereithält. *Kabale und Liebe* ist keine Charaktertragödie, sondern die Tragödie einer tödlichen, nicht zu verwirklichenden Liebesbeziehung.

Die in Ferdinands Umarmung erreichte Nähe ist allerdings in Wahrheit nur eine der Erinnerung, der „Wehmut" (105/8), und damit vor allem für Ferdinand eine des Scheins. Er grübelt schon die ganze Zeit über die Diskrepanz zwischen Schein und Sein, Schönheit der Bildung und Gemeinheit der Seele nach (104/26 ff.), eine Diskrepanz, die ihn verstört – woraus ganz nebenbei ersichtlich, wie sehr schon im vorklassischem Raum neuplatonische Anschauungen wirksam sind über den göttlichen, Hoffnung konstituierenden Charakter der Einheit von Erscheinung und Seele in der menschlichen Bildung.

In dem Augenblick, in dem Luise Ferdinand auf seine Erinnerung festzulegen versucht, um ihr wahres Bild von sich selbst in Ferdinands Seele aufzurufen (105/8), kippt dieser sozusagen aus dem Innenraum wieder heraus in die grelle Gegenwart. Luise reagiert auf die erneute Beleidigung, im angemaßten Namen der „ganzen Schöpfung" (105/19) ausgesprochen, nicht nur mit der ersten Andeutung des wahren Sachverhalts, sondern auch mit erneutem Einsatz der eigenen Person, nun nicht mehr in Zuwendung und kritischem Urteil, sondern durch Abgrenzung und Drohung mit Kontaktabbruch (105/25 ff.).

Ferdinand überhört wieder den Inhalt des Gesagten und reagiert nur auf den emotionalen Akt: mit Zugriff (105/34). Nicht ohne Hinterlist setzt er zur letzten Befragung an, in der er, unterstützt durch die eintretende Wirkung des Gifts, die Wahrheit aus ihr herauspreßt.

Es gibt viele mögliche Lesarten dieser Szene. Eine ist, sie als Umeinandertaumeln zweier Liebender zu lesen, die nicht voneinander lassen können und nicht zueinander finden, bis der Tod sie zusammenbringt. Die Bühnenanweisungen legen diesen Eindruck nahe und Ferdinands permanentes Überhören von Luises Worten spricht dafür.

Eine andere Lesart ist, in ihr den idealistischen Dialektiker Schiller arbeiten zu sehen, der Widersprüche zueinander in Beziehung setzt und sich gegenseitig vorantreiben läßt, bis im Ziel die zugrundeliegende Wahrheit herausgearbeitet ist, die Wahrheit der Liebe und die Unmöglichkeit, sie in der gegebenen Realität zu verwirklichen. Liest man die Szene so, dann hat Schiller ihr einen geheimen Sinn unterlegt, der die beiden Liebenden zu dem Punkt treibt, den sie erreichen wollen und müssen. Dann arbeiten beide Figuren, ohne es zu wissen, daran, dieses Ziel zu erreichen – Luise zur Passivität verdammt, aber auf Ferdinand bezogen, Ferdinand aktiv, aber in sich verfangen und die gemeinsame Liebe nur noch in der eigenen Verzweiflung und der Erinnerung festhaltend.

Die aus der Autonomie des Ich geborene und als Selbstverwirklichung bewußt ergriffene Liebe ist das zentrale Thema des Stücks. Schillers *Kabale und Liebe* verkündet sie nicht als Wert. Schillers Figuren haben sie nicht, sondern suchen nach ihr; beide Liebenden bleiben hinter ihrem Anspruch zurück. Luise, weil sie zu sehr eingebunden ist in Standesordnung, Religion und Vaterliebe; Ferdinand, weil seine soziale Ortlosigkeit ihn instabil macht. Erst im *Wallenstein* greift Schiller das Thema erneut im Drama auf und gestaltet in Max und Thekla ein Liebespaar, das den Selbstverwirklichungs- und Ordnungsanspruch der Liebe, wie Schiller ihn denkt, makellos erfüllt, das ihn allerdings auch dort gegenüber der sozialen Wirklichkeit nur in Tod und Verzicht, als Utopie, aufrechterhalten kann.

In *Kabale und Liebe* erstreckt sich die Macht der sozialen Wirklichkeit bis in die psychischen Strukturen der Liebenden hinein. Mühselig müssen sie den Gegenentwurf einer besseren Menschheit den psychischen Deformationen abringen, die Standesordnung, Familienstruktur und der historische Augenblick einer geschichtlichen Übergangssituation in Deutschland ihnen zugefügt haben.

Auch das Schlußbild betont die historisch bedingte Problematik einer Liebe, die von den Beteiligten erstrebt wird und doch nicht verwirklicht werden kann. Die „Versöhnung" der Liebenden findet nur optisch, nicht aber in gemeinsamer Sprache statt, und sie gelingt erst nach Luises Tod.

Dramaturgisch fallen die beiden großen Pausen auf, die Schiller nach Luises Enthüllung setzt. Die erste wird ausdrücklich als solche bezeichnet: „Ferdinand (starr und einer Bildsäule gleich, in langer toter Pause hingewurzelt, fällt endlich wie von einem Donnerschlag nieder)." (107/15 ff.)

Das Stück ist insgesamt auffällig reich an detaillierten Anweisungen zur Gestik der Personen; auch, daß ein Dialogpassus ausschließlich durch eine Geste ersetzt wird, geschieht hier nicht zum ersten Mal. Aber selten – und bisher noch nie – ist das Verstummen einer Bühnenfigur mit so dröhnender, fast expressionistisch sich überschlagender Sprache beschrieben worden.

Die nächste Pause, Ferdinand neben der soeben Gestorbenen kniend, sollte immerhin so lange dauern, bis die Leichenstarre fühlbar wurde. Der Mediziner Schiller muß gewußt haben, was er hier darstellen wollte.

Die erste Pause scheint notwendig, um in Ferdinands Seele überhaupt den Sachgehalt von Luises Geständnis eindringen zu lassen; als er aus ihr auftaucht, realisiert er nur die Mitschuld seines Vaters, gegen den er nun losrast, die sterbende Luise völlig vergessend. Deshalb setzt Schiller die zweite Pause, weil erst in ihr die versöhnende Kraft des Gehörten und Luises Segen zur Wirkung kommen und Ferdinands Rachewunsch in Vergebungsbereitschaft umkehren. Zum ersten Mal im Stück, und erst nach ihrem Tod, ist Ferdinand willens und fähig, von Luises psychischer und geistiger Welt etwas anzunehmen, vom „Gott meiner Luise" „Gnade" zu lernen (107/37 f.). Erst am „Leichnam" der Geliebten läßt Schiller ihn zum neuplatonischen Hoffnungsbild eines geglückten menschlichen Daseins, in der Einheit von Seele und Gestalt der Geliebten, zurückkehren (107/39–108/2).

V,8 Das Stück schließt nicht mit dem rührenden Tableau der endlich vereinigten Liebenden. Die Liebe, von der das Stück in der Hauptsache handelt, ist für den jungen Schiller nur Möglichkeit *individueller* Selbstverwirklichung; der Entwurf *gesellschaftlicher* Gegenordnungen gegen die Herrschenden bleibt für ihn gebunden an die weiterreichenden Themen der Gerechtigkeit und der Vater-Sohn-Beziehung. Beide Themen werden durch das von Ferdinand bewußt arrangierte Eintreten des Präsidenten noch einmal ins Spiel gebracht.

Gerechtigkeit hatte Schiller in den *Räubern* durch den Unterwerfungsakt Karl Moors wiederhergestellt, der die fatale Konsequenz hatte, daß mit der Anerkennung einer metaphysischen Richterinstanz über das schuldhafte Handeln des Subjekts zugleich die miserable feudalabsolutistische Gerichtsbarkeit bestätigt wurde, gegen deren Willkür der Räuber zurecht opponiert hatte. In *Kabale und Liebe* vermeidet Schiller diese Desavouierung des sozialen Protests, indem er irdische und transzendente Gerechtigkeit trennt. Der Justiz gegenüber sorgt die Schurkerei der Kumpane dafür, daß die geheimen Untaten nun doch fein öffentlich werden; jenseits dieser Sphäre eröffnet Ferdinands versöhnende Gebärde (110/26) noch einmal abschließend die Dimension der Vater-Sohn-Beziehung, die das ganze Stück hindurch in Ferdinands Verhältnis zum Präsidenten gegenwärtig gewesen war. Ferdinand gibt mit dieser Geste (auch sie kann sich nicht bis zum befestigenden Wort entfalten) dem verbrecherischen Präsidenten etwas von der Würde zurück, die im Weltbild des jungen Schiller die Gestalt des Vaters innehat.

So scheint in der letzten Szene hinter der Ordnung der Liebenden die weitergespannte Vaterordnung auf. Zwei Einschränkungen allerdings macht die Szene selbst hinsichtlich deren Geltungsbereich. Die Vaterordnung bleibt erstens partikular. Vater Miller hat keinen Platz in ihr. Im Gegenteil: die Versöhnung zwischen Ferdinand und dem Präsidenten wird schrill instrumentiert von Millers Stimme (108/32 ff. u. 110/7 ff.), den Schiller nur noch schwach und hoffnungslos zeichnet (sein „Kopf in Luisens Schoß" 110/7 f., nicht umgekehrt) und dem er einen sehr kläglichen Abgang bereitet, bei dem das „verfluchte Gold" (110/10) peinlich hinterdreinklingt. Schiller setzt die Reduktion Millers auf sein Verhältnis zum Besitz und zum Geld durch den ganzen fünften Akt hindurch konsequent fort.

Der Hoffnungsaspekt der Vater-Sohn-Versöhnung wird zweitens eingeschränkt durch das Arrangement der Schlußworte. Nicht die Restitution der „natürlichen" Ordnung zwischen Vater und Sohn durch den humanen Akt der Vergebung bildet den Abschluß des Dramas; der letzte Blick fällt vielmehr auf die Unterwerfung des Vaters unter die Justiz und damit auf die soziale Welt der Verbrechen und ihrer zu späten Sühne. In der zweiten Fassung des *Mannheimer Soufflierbuches* hat Schiller diese Sicht noch erheblich verschärft, indem er die Versöhnung ganz strich und das Stück damit enden ließ, daß der eine Böse den andern mit in den Strudel reißt. Im Zweifelsfall ist für Schiller nicht die Wiederherstellung natürlich-transzendentaler Ordnungen, sondern sind die Zerstörungen innerhalb der sozialen Ordnung der Zielpunkt von *Kabale und Liebe*.

4 Gedanken und Probleme

4.1 Zur Forschungssituation

Die Forschungsgeschichte zu *Kabale und Liebe* wird geprägt vom Gegensatz zwischen vorwiegend soziologisch und vorwiegend metaphysisch argumentierenden Interpretationen; *Kabale und Liebe* ist offenbar besonders geeignet für die Austragung dieses Methodenstreites innerhalb der deutschen Literturwissenschaft.

Auffällig beginnt nach 1945 die Auseinandersetzung mit *Kabale und Liebe* unter dem Zeichen der Suche nach überzeitlichen, allgemein menschlichen Werten bei gleichzeitiger Relativierung unmittelbarer Zeitbezüge. So nimmt Martini (1952) das Drama zum Anlaß, sich einer „tragischen Dialektik des Seins" überhaupt zu versichern; ein ontologisierter Tragikbegriff steht auch im Zentrum der folgenden Interpretationen (bei Martini [S. 18] eine knappe Zusammenfassung der vorangegangenen Forschung unter der Entgegensetzung „Literatur und Soziologie einerseits", „Literatur und Theologie" andererseits): *Kabale und Liebe* wird interpretiert als „Tragödie menschlichen Handelns", die zwischen unbedingter Idee und bedingter Welt in notwendige Schuld gerät (Müller-Seidel 1955, S. 103), als Krise „des" Menschen zwischen Sinnlichkeit und Vernunft, Unmenschlichkeit und ethischer Verpflichtung (Beck 1955), als „tiefe metaphysische Wahrheit" des unüberbrückbaren Gegensatzes von „Eros" und „Nomos" (Burger 1957, S. 186 f.), und schließlich als „Tragödie des endlichen Menschen" überhaupt (Binder 1958, S. 167).

Man spürt hinter solchen Formulierungen die lähmende Erfahrung der oft so genannten „tragischen Verstrickung" Deutschlands in die Naziherrschaft (Müller-Seidel zieht die Parallele explizit, 1955, S. 99): Literatur dient diesen Autoren dazu, nach der Katastrophe sich einer gültigen Wahrheit zu vergewissern. Je nach individuellem Standort legen sie diese Wahrheit mehr religiös, existentialistisch oder anthropologisch aus; gemeinsam ist ihnen, daß sie Dichtung als letztlich zeit-, gesellschafts- und geschichtsenthoben begreifen und sie als unbedingte Wahrheit der bedingten Lebensrealität (der von heute, der von 1780 und der überhaupt) gegenüberstellen. Die Herkunft dieses Idealismus aus Schillers Gegensatz von Wirklichkeit und Ideal, Sinnlichkeit und Vernunft ist ebenso erkennbar wie der Abstand von Schillers kritischem, kämpferisch auf die Gesellschaft bezogenem Begriff der Idee zu dem hier vorherrschenden rezeptiv-kontemplativen.

Eine Gegenposition hatte bereits Korff in *Geist der Goethezeit* (1927 u. ö.) bezogen, wo *Kabale und Liebe* unter dem Oberthema „Der Kampf um die politische Freiheit" interpretiert worden war (S. 205 ff.). 1946 hatte dann Auerbach den gesellschaftskritischen Realismus Schillers herausgestellt; er sei allerdings zu grell an der Oberfläche und zu wenig analytisch in der Durchführung. Und schließlich gab es die marxistische Literaturwissenschaft, die sich auf Engels' Wort vom „ersten deutschen politischen Tendenzdrama" (1885; MEW 36, S. 314) und Mehrings Schilleraufsätze (1905 und 1909) stützte und in den gleichen Jahren, in denen in der Bundesrepublik über das Unbedingte in Ferdinand gegrübelt wurde, die Kammerdienerszene zum Angelpunkt ihrer Interpretation machte und einen Schiller zeichnete, der, den Blick sehnsüchtig auf den Unabhängigkeitskrieg in Amerika gerichtet, seine Hoffnungen auf die revolutionäre Stimme des unterdrückten Volkes setzte (Abusch 1955; J. Müller 1955; Thalheim 1969). Beide Positionen haben sich wechselseitig aneinander ins Einseitige profiliert, beide im übrigen gern unter ähnlicher, selbstgerechter Berufung auf den Wortlaut und den angeblich eindeutigen Sinn des Textes.

In den 60er und 70er Jahren ist dann eine Reihe allgemeiner Arbeiten zum bürgerlichen Trauerspiel und zum Drama im 18. Jahrhundert erschienen, die im engeren Bereich der Literatur selbst strenger historisch vorzugehen versuchten und Material zum innerliterarischen Prozeß erarbeiteten; das Verhältnis zwischen Literatur und gesellschaftlicher Wirklichkeit wurde dabei meist ausgeklammert (Titel bei Guthke 1976, S. 14 f. u. 48 f.). Jüngstes Beispiel dieser Reihe ist die *Kabale und Liebe*-Interpretation von Guthke (1979), eine religionsgeschichtliche Studie, die auf bedenkenswerte Weise die religiöse Thematik in *Kabale und Liebe* ernst nimmt, aber die gesellschaftliche Thematik des Stückes im eigenen Begriff einer primär von der Selbstbewegung des Geistes bestimmten Geschichte verschwinden läßt.

Die Hartnäckigkeit einer Deutungstradition, die am Allgemeinmenschlichen interessiert ist und dieses als metaphysische Qualität postuliert, ist nicht nur auf Voreinstellungen der Interpreten zurückzuführen. Sie beruht auch auf einer spezifischen Eigenart des interpretierten Stückes. Offenbar werden in *Kabale und Liebe* Konflikte gestaltet, die primär in den Personen selbst und in ihren zwischenmenschlichen Beziehungen verankert sind. So sehr Schillers Figuren mit der ständisch geprägten Außenwelt zusammenprallen, ihre Konflikte kommen offenbar gerade dadurch zustande, daß sie sich ein Innenreich bewahren oder errichten wollen, das sich den Determinierungen durch den sozialen Kontext, durch Stand, Familie etc., entzieht. Sie selbst wollen gerade nicht spezielle gesellschaftliche Tugenden, sondern allgemein menschliche Werte verwirklichen, die in ihrer Privatexistenz verankert sind: Liebe, Herz, Wahrheit, Gott, Keuschheit etc. Die idealistischen Interpreten nehmen das Werk bei diesem seinem eigenen Anspruch und realisieren ihn für ihre eigene Deutung: die historisch bedingte Entdeckung des Individuellen und Privaten als eines allgemein Menschlichen wird aufgefaßt als ein nach seiner Entdeckung zeitlos gültiger Maßstab und ein für den heutigen Leser verpflichtendes Interpretationsziel.

Es ist das Verdienst von Habermas (1962), den Prozeß genauer analysiert zu haben, in dem sich diese Welt allgemein menschlicher Werte herausgebildet hat. Er zeigt, daß die Entgegensetzung einer individuellen, privaten, auf Selbsterfüllung und Mitmenschlichkeit ausgerichteten Wertwelt gegen die Sphäre öffentlichen gesellschaftlichen Lebens nicht nur formal mit der Entstehung der bürgerlichen Gesellschaft vor und im 18. Jahrhundert zusammenhängt, sondern daß diese Entgegensetzung auch inhaltlich die Ausprägung historisch spezifischer, der bürgerlichen Gesellschaft zugehöriger Sozialformen, insbesondere der bürgerlichen Kleinfamilie, ist. So, wie die politisch formulierten allgemeinen Menschenrechte inhaltlich Forderungen der historischen bürgerlichen Gesellschaft sind, so können nach Habermas auch die gelebten und im Kunstwerk gestalteten allgemeinen Menschenwerte nur verstanden werden als Ideale der bürgerlichen Gesellschaft und der von ihr erstmals entwickelten Sphäre kleinfamilialer, interpersonaler Privatheit – über die sich gleichwohl, weil von allgemeinem Interesse, die Individuen überindividuell, also in Formen spezifischer Öffentlichkeit verständigten, z. B. in der Literatur.

Aufbauend auf Habermas hat dann Szondi (1973) die Geschichte des bürgerlichen Trauerspiels aus dem Widerspruch heraus interpretiert, daß gerade die scheinbare Gesellschaftsferne der privaten, familialen Konflikte den literatursoziologisch bestimmbaren Ort dieser Gattung bezeichnet. Auf Habermas und Szondi fußend, haben Janz (1976) und Huyssens (1980) die ersten überzeugenden Versuche unternommen, den Streit zwischen soziologischer und metaphysischer Interpretation von *Kabale und Liebe* zu schlichten und das Drama gerade auch in seinem überhistorischen Anspruch als historisches ernstzunehmen.

In dieser zuletzt beschriebenen Tradition versteht sich auch unsere Interpretation. Wir sehen *Kabale und Liebe* als eine komplexe und vermittelte Antwort Schillers auf gesellschaftliche, geistige und literarische Fragen seiner Zeit; und wir verstehen unsere Beschäftigung mit dem Drama als den Versuch, die Genese von heute noch prägenden Sozialisationsstrukturen und Wertvorstellungen zu erfahren, um kritische Distanz ihnen gegenüber zu gewinnen. Für diesen Versuch sind die Methoden werkinterpretatorischen Nachvollziehens mit denen literatursoziologischer Einordnung zu verbinden, ist ein intensives Sicheinlassen auf den Text des Werkes, auf seine Worte, Sätze und metasprachlichen Abläufe mit allen Assoziationen, die der Text im heutigen Leser auslöst, ebenso notwendig wie eine genaue Kenntnis und Einbeziehung der sozialen und literarischen Situation, in der Schiller schrieb und die das Werk in sich aufnahm.

4.2 Luise oder die Verhinderung weiblicher Selbstbestimmung

Korff verurteilt Luise wegen Kleinmuts und stellt an ihr vor allem ihre Einbindung in die kleinbürgerliche Enge und diese als „Untertanenmoral" heraus. Die DDR-Forschung hat diesen Aspekt bis in die jüngere Zeit hinein beibehalten, ihn allerdings durch den Hinweis auf Luises Ursprünglichkeit und leidenschaftliche Hingabe ergänzt:

„In Luise hat Schiller eine der schönsten Frauengestalten unserer Literatur geschaffen: ein großherziges Mädchen [...] das stets seine moralische Reinheit bewahrt und sich dabei mit dem gesunden Verstand eines Menschen aus dem Volk der tragischen Unlösbarkeit seines Konflikts mit der bestehenden Gesellschaft bewußt ist." (Erläuterungen zur deutschen Literatur 1956, S. 188)

In der Forschungsliteratur der Bundesrepublik ist Luise durchweg als Hauptfigur des Dramas angesehen worden, zumindest gleichrangig mit Ferdinand. Ihr Leiden wird ernstgenommen (dazu besonders Müller-Seidel 1955), die Geschlossenheit ihrer Welt mit ihrer Einheit von familiarer, ständischer und religiöser Ordnung wird von Martini (1952) bis Malsch (1965) herausgestellt und in ihrer, für Luise tragischen Ambivalenz ausgefaltet: die Welt der Millers ist unmittelbar lebendig, voller Wärme, sie gibt Luise Schutz und Selbstsicherheit, sie engt aber auch ihren Bewegungsraum ein und bindet sie an Verhaltensnormen, die ihr die Verwirklichung ihrer Liebe zu Ferdinand von Anfang an unmöglich machen und sie schließlich durch Eid und väterlichen Liebesanspruch psychisch zugrunderichten. Dieses sensible Verständnis für Luises tragische Situation verdankt sich allerdings meist mehr der Einfühlung als der historischen Kenntnis und führt zu Ontologisierungen, wo geschichtlich-distanzierendes Begreifen notwendig wäre.

Demgegenüber hat schon Williams (1974) das pietistisch-kleinbürgerliche Element in Luises Religiosität betont und hat schließlich Guthke (1979) sehr entschieden auf den bestimmten religionsgeschichtlichen Ort von Luises Gottesvorstellungen hingewiesen. Und die weitverzweigten neueren Untersuchungen zur Entstehung und historischen Spezifik der bürgerlichen Kleinfamilie mit ihren Rollenmustern haben in den Analysen von Janz (1976) und Huyssens (1980) zu einer umfassenderen Deutung von Luise Millerin geführt.

Die Figur der Luise läßt sich schärfer konturieren, wenn man sie im Zusammenhang der Gattungsgeschichte, vor dem Hintergrund von Lessings Frauengestalten Sara und Emilia sieht. Für Lessing sind beide Töchter als Identifikationsfiguren eines bürgerlichen Publikums gedacht. In ihnen soll es die eigenen Werte liebend-kleinfamilialer Umgangsformen (Sara) und sexueller Tugendnormen (Emilia) öffentlich, auf dem Theater vertreten und diskutiert sehen – Werte, für die die Heldinnen notfalls auch mit ihrem Leben einstehen und die als Kernpunkte bürgerlicher Moral vor allem in *Emilia Galotti* der höfisch-adligen Unmoral entgegengesetzt werden.

Anders Schillers Luise Millerin. Auch sie verkörpert bürgerliche Familientugenden: Vaterbindung, Liebesfähigkeit, sexuelle Reinheit und bürgerliches Selbstbewußtsein. Aber die inneren Widersprüche der kleinfamilialen Tochterrolle sind bei Schiller viel schärfer als bei Lessing herausgearbeitet, sie bestimmen Charakter, Situation und Handeln bzw. Nichthandeln der Figur, und sie werden, durch ihre Lokalisierung im noch ständischen Zunftbürgertum, von Schiller selber historisch eingegrenzt. Präsentierte sich bei Lessing noch eine in sich einheitliche, bürgerliche Moralvorstellung, so werden bei Schiller die inneren und äußeren Widersprüche dieser Moralvorstellungen aufgezeigt und der Kritik preisgegeben (vgl. im einzelnen dazu oben Kap. 3).

Dreifach ist Luise eingebunden: in ihre Familie, in ihren Stand und in ihre moralischen und religiösen Vorstellungen, in denen sie Familien- und Standesordnung erfährt. Die drei Lebensbereiche konvergieren vielfältig, ohne einfach identisch zu sein. Ihre getrennte Behandlung ist deshalb sinnvoll. In allen drei Bereichen führt die Liebe zu Ferdinand Luise in Konflikte. Erst das Ineinanderspielen der drei Konfliktebenen macht Luisens Situation ausweglos tragisch.

Der Konflikt einer jungen Frau in der Übergangssituation zwischen Vater und geliebtem Mann ist der Kernkonflikt des bürgerlichen Trauerspiels, wie es Lessing in Deutschland ausgebildet hatte. Für Lessing konnte dieser Konflikt aufgefangen werden: der Vater billigt und verzeiht im Nachhinein die Brüskierung durch die Tochter, die aus dem Haus lief, um dem Geliebten zu folgen (Sara); die Tochter unterstellt sich freiwillig im Akt eigener Identitätsfindung der väterlichen Tugendnorm (Emilia). Bei Schiller lassen sich Selbstbestimmung der Frau und Unterwerfung unter die väterliche Autorität nicht mehr zusammenbringen. Dreimal wird Luise im Lauf des Stückes gezwungen, um der väterlichen Autorität willen auf entscheidende Momente ihres Selbst zu verzichten: Um den väterlichen Fluch des Präsidenten abzuwenden, gibt sie den Anspruch auf Ferdinand und ihr Glück auf (III,4); um den Vater vor dem angedrohten Kriminalprozeß zu retten, verzichtet sie auf ihren „ehrlichen Namen", ein wesentliches Moment ihrer Ichidentität (III,6); unterm direkten Zwang der väterlichen Autorität tritt sie vom geplanten Selbstmord zurück und verzichtet damit auf die letzte Möglichkeit, Seelenfrieden und doch noch Verständigung mit dem Geliebten zu erreichen.

Schiller zeigt im Anfang des Stückes die Geborgenheit einer bürgerlichen Frau in der patriarchalischen Familie, das Verständnis eines Vaters für die Selbständigkeit der Tochter in der Liebeswahl, Vertrautheit und Partnerschaft in der Kommunikation zwischen beiden. Er zeigt im Fortgang des Stückes die Repressivität der kleinfamilialen Familienstruktur und die Entwürdigung einer Frau durch die Gewalt des Vaters, der sie erpreßt durch die in ihr Herz gesenkte Pflicht, ihn, und vor allem ihn, den Vater, zu lieben.

Es ist eine weittragende und aufschließende Lesart, *Kabale und Liebe* zu verstehen als frühes Stück über die Ausgeliefertheit einer bürgerlichen Frau an die von Männern beherrschte Familienordnung. Denn nicht nur der Vater zwingt der Tochter seinen Willen auf, auch Ferdinand verfügt über sie wie ein Ding, sie weiß sich ihm ausgeliefert und leistet ihm Widerstand nur dort, wo sie es im Namen der väterlichen Seins- und Standesordnung tun kann und auch muß. In der Milford hätte Schiller dann die Gegenfigur zu Luise phantasiert (vgl. u. S.75). Nicht umsonst aber ist die Lady eine Frau ohne Familie. Innerhalb der bürgerlichen Kleinfamilie ist eine weibliche Ichautonomie nicht denkbar. Luise aber kann sich nicht selbst bestimmen. „Der Vater und Ferdinand reißen an ihrer blutenden Seele", könnte man ihr eigenes Wort (12/14 f.) abwandeln. Am Ende behält keiner von beiden den Sieg.

Die Abwandlung von „Himmel" in „Vater" in diesem Zitat ist legitim. Der Himmel, den Luise beschwört, ist der väterliche Himmel, bewohnt vom Gott ihres Vaters. Der Vater ist die alles beherrschende Macht ihrer familialen Sozialisation; er dominiert ihr ganzes Weltbild, ihre Vorstellung von der ständischen Ordnung wie ihre Moral und ihr Bild vom Paradies.

Nur in der Liebe hätte Luise dem Vater entfliehen können (und wäre dort erneut unter die Herrschaft eines Mannes gekommen); den Ausweg verstellt Schiller ihr durch die Anlage des Stücks, durch die Verbindung der Familien- mit der Standesproblematik.

Lessings Emilia hatte 1772 ihre Identität und Selbstsicherheit aus der bürgerlichen Moral ihres Elternhauses gewonnen und deren Geltung mit dem Tod besiegelt. Von solcher Selbstsicherheit ist für Luise nur eine einzige, vorübergehende Szene im Lauf des Dramas übriggeblieben, als sie sich der Lady gegenüber stolz auf ihren Stand („Herkunft") und ihre bürgerliche „Unschuld" beruft (79/ 24 u. 78/16). Ansonsten bringt ihr ihre Einbindung in ihren zunftbürgerlichen Stand in Schillers Stück nur Leiden. Diese Einbindung ermöglicht nicht, sondern verhindert ihre Selbstverwirklichung, die sie sich in der Liebe zum adligen Major Ferdinand ersehnt.

Die ständische Welt, in der Luise aufgewachsen ist, hat ihr gesamtes Weltbild geprägt, unauslöschbar und starr. Ständisch sind ihre Jenseitsvorstellungen (I,3), ständisch ist ihr Gesellschaftsbild, das sie ins Metaphysische überhöht (III,4). Der Gegensatz der Stände zeigt sich in Luise als Denkform.

Die Wertung dieser Bindung an den Stand ist nur in widersprüchlichen Aussagen möglich. In der Welt, die Schiller vorführt, ist ständisches Denken noch realistisch. Aber es sperrt sich zugleich gegen Veränderungen, deren Beginn sich gerade abzeichnet: Luises „dein Herz gehört deinem Stande" (59/36 f.) ist *ihre* falsche Interpretation Ferdinands, nicht seine eigene und auch nicht die Schillers. Nach innen gibt dieses ständische Denken Luise Mitmenschlichkeit, Fürsorglichkeit und Lebendigkeit; nach außen, einmal, auch ihren Stolz. Aber zugleich macht es sie unfähig, Ferdinand zu begreifen, und es liefert sie wehrlos dem intriganten Zugriff der Höfischen aus. Sosehr also einerseits diejenigen Recht haben, die Luises Menschlichkeit wie ihre Religiosität herausgestellt haben, sowenig darf andererseits darüber hinweggesehen werden, wie begrenzt und starr sie sich verhält. Schillers Drama ist auch ein Stück über die sozialen und politischen Konflikte der Stände im 18. Jahrhundert, und für diese unmittelbar sozialpolitische Ebene des Stücks behält Korffs Verdikt über die kleinbürgerliche Borniertheit Luises und die konservierende, herrschaftsstabilisierende Funktion ihres ständischen Denkens sein Recht, auch wenn man ihr dieses Denken nicht individuell als Schuld anlasten kann.

Über die Widersprüchlichkeit dieser Deutungen kommt man nicht hinaus; es sind die Widersprüche der Situation, die Schiller in seinem Stück gestaltet hat.

Vaterordnung und Standesordnung können nur deshalb ihre alles bestimmende und alles durchziehende Geltung haben, weil sie sich für Luise zur moralischen und göttlichen Seinsordnung überhaupt zusammenschließen. Diese Einheit ist weder die Position Schillers noch gar von eigener, überhistorischer, metaphysischer Wahrheitsqualität, sondern ist Qualität seiner historisch und sozial genau bestimmten Figur. Diese Bestimmung ist, im Anschluß an Williams und Guthke, noch genauer zu fassen.

Luise kennt *zwei* Gottesvorstellungen: den ständischen, richtenden Gott ihres Vaters und den Gott Ferdinands, den „Vater der Liebenden" (13/3), der nicht über der Schöpfung thront, sondern sich in den Geschöpfen offenbart, der nicht in der Kirche und in der Bibel, sondern im eigenen Herzen zu Hause ist. Ihre Liebe zu Ferdinand spiegelt sich im Religiösen als Konflikt zwischen zwei Gottesvorstellungen (vgl. dazu unten S. 77). Das ist ein Konflikt, den nicht sie erfunden hat, sondern der in den Kontext der geistesgeschichtlichen Umbruchszeit um 1780 gehört – wie Luises Standeskonflikt in den der sozialgeschichtlichen und wie Luises Vaterkonflikt in den der familiengeschichtlichen Umbruchszeit. Es sind verschiedene Ebenen und Ausprägungen eines umfassenden gesellschaftlichen Veränderungsprozesses, in dem Schiller selbst steht und den er in *Kabale und Liebe* auf sehr vielschichtige Weise gestaltet hat.

Für Luise beendet das Selbstmordgespräch mit dem Vater auch diesen Konflikt. Mit dem Verzicht auf den Selbstmord schwört sie dem Gott ab, der einen Selbstmord um der Liebe, Ehrlichkeit und Selbstverwirklichung willen hätte verzeihen können. Sie kehrt zum orthodoxen Glauben zurück, allerdings in der Variante, zuletzt nicht den richtenden und strafenden Vatergott, sondern den erlösenden Sohn anzurufen. Ein eigener, dritter Weg zwischen Vater und Ferdinand ist das nicht. Der weiblichen Hauptfigur des Dramas wird von ihrem männlichen Autor keine Möglichkeit zur Verwirklichung des Menschenrechts auf Selbstentfaltung gegeben; ständische und familiale Rollenfixierungen verhindern die Formulierung eines eigenen Autonomieanspruchs dieser Frau.

4.3 Musikmeister Miller

Vater Miller gilt der gesamten Forschung als Beleg für Schillers – gegenüber den *Räubern* fortgeschrittene – Fähigkeit zur realistischen Figurencharakterisierung. Dementsprechend ist er und ist seine „kleinbürgerliche" Welt differenziert beschrieben worden, in der dreifachen Perspektive, in der Schiller das bürgerliche Haus darstellt: als wohnlich, als eng und als abhängig.

Den durchweg wohlwollenden Bewertungen hat die englische Germanistin Ilse Appelbaum-Graham (1952) in einer knappen Studie scharf widersprochen. Das zentrale Thema des Stückes sei die „possessive love" (S. 111), mit der vor allem Miller, aber auch Ferdinand und Wurm den Liebes- und Selbstverwirklichungsanspruch Luises zerstörten. Festzuhalten an diesem Interpretationsansatz ist der kritische Hinweis auf Millers Besitzliebe und seine Geldmetaphorik. In den Darstellungen von Janz (1976) und Huyssens (1980) nehmen beide einen wichtigen Platz ein (vgl. unten S. 78).

Wie Luise, so ist auch ihr Vater am besten zu beschreiben, wenn man die drei ineinander verschränkten Lebensbereiche Familie, Stand und Religion für die Darstellung auffächert.

Welche Rolle Miller auch immer sonst in der Residenzstadt spielen mag, in der Schiller ihn leben läßt: im Stück ist er in erster Linie Familienvater. Das ist gattungsbedingt, aber das bürgerliche Trauerspiel teilt die Dominanz des familialen Konfliktes und der beherrschenden Rolle des Hausvaters in ihm mit der überwiegenden Mehrzahl bürgerlicher Schauspiele in der 2. Hälfte des 18. Jahrhunderts überhaupt (vgl. hierzu Schaer 1963, S. 29 u. 79).

Im 18. Jahrhundert entdeckt die dramatische Literatur die Familie als Keimzelle der bürgerlichen Weltordnung und den Familienvater als deren Angelpunkt. Es muß ein großes Bedürfnis im Publikum und in der literarischen Intelligenz geherrscht haben, die Rolle dieser Figur zu diskutieren, sich die Schwierigkeiten und Probleme, denen sie sich gegenübersieht, zu vergegenwärtigen, und sich durch die Bewältigung dieser Schwierigkeiten auf der Bühne im eigenen Welt- und Familienbild bestätigt zu sehen. Hier spiegelt sich der Konstitutionsprozeß der bürgerlichen Kleinfamilie, von dem die Sozialgeschichte berichtet, unmittelbar im Literaturinteresse der betroffenen städtischen Leser- und Zuschauerschichten. Es ist kein Zufall, daß „Kaufleute und Staatsbeamte die Hauptfiguren im bürgerlichen Drama abgeben" (Schaer 1963, S. 62), ergänzt durch Angehörige des höheren Offiziersstands. Das sind die Schichten, in denen sich die neue Familienform im 18. Jahrhundert durchzusetzen beginnt.

Die Konflikte, in die der Hausvater gerät, werden dabei in vielen Dramen der Zeit recht äußerlich gesehen. Es macht den Rang von Lessings *Sara* aus, daß in ihr die innere Widersprüchlichkeit der kleinfamilialen Vaterautorität gezeigt wird: der Widerspruch zwischen patriarchalischem Anspruch des Vaters und Selbstbestimmungsrecht des mündig werdenden Kindes. Der Widerspruch war bei Lessing noch durch interfamiliale Kommunikationskrisen hindurch gelöst worden; das väterliche Weltbild hatte sich behaupten können. Schiller sieht in *Kabale und Liebe* den Konflikt schärfer: Vater Millers patriarchalischer Autoritätsanspruch scheitert.

Miller ist zu keinem Zeitpunkt im Drama Herr der Situation; seinen kräftigen Worten folgen keine Taten. Einzig Luise gegenüber bewährt sich seine väterliche Macht. Doch: auch sie kann er im fünften Akt nur noch äußerlich, unter Aufbietung seiner gesamten moralischen, religiösen und emotionalen Autorität, in seine hergebrachte Welt zurückholen. Dafür hat er ihren Willen brechen, ihre Sehnsucht zerstören und den Verlust ihrer Ehre besiegeln müssen. Es ist nur folgerichtig, wenn nach diesem Pyrrhussieg seine Züge im grotesken Tanz um Ferdinands Gold sich bis zur Grimasse verzerren und wenn Schiller schließlich das Interesse an ihm verliert. Die patriarchalisch selbstsichere Rolle des ständisch gesinnten Miller hat sich überlebt; er ist unfähig, die Konflikte der neuen Generation auch nur zu begreifen, geschweige denn zu ihrer Lösung beizutragen. Lebendigkeit wie Schwäche Vater Millers hängen damit zusammen, daß Schiller ihn fest in den sozialen Rahmen der überkommenen Ständeordnung einbindet. Miller ist nicht einfach „Bürger“ oder „Kleinbürger“, wie ihn die bisherige Sekundärliteratur durchweg bezeichnet, sondern genauer: Angehöriger des alten ständischen Stadtbürgertums (vgl. hierzu oben, S. 25). Als solchen weist ihn seine, von Schiller sorgfältig gewählte, Berufsbezeichnung ebenso aus wie seine Denkstruktur.

Daß Dramen im Bereich der unteren arbeitenden Stände spielen, ist im 18. Jahrhundert überaus selten und erst im Sturm und Drang möglich gewesen. Wagners *Kindermörderin* (1771) und Lenz' *Soldaten* (1776) waren hier vorangegangen. Wie bei Wagner und Lenz ist auch bei Schiller der Vater nicht in der Lage, das gewaltsame Eindringen des höheren Standes in die Welt des bürgerlichen Hauses zu verhindern. Bei Lessing mußte der Fürst Emilien noch entführen lassen, um sie der väterlichen Welt entfremden zu können; bei Schiller steht der Präsident mitten in der Bürgersstube und beschimpft die Ehre der Tochter – der Vater kann nur die persönlich wackere, aber objektiv ohnmächtige Mischung von Wut und Angst dagegensetzen, die Schiller in seiner berühmten Bühnenanweisung formuliert hat. Den – rechtlich an und für sich gesicherten – Gegensatz von „Land“ und „Stube“, öffentlichem Leben und privatem Haus, mehr als nur verbal geltend zu machen, hat Miller nicht die Macht. Nur der adlige Ferdinand kann den Präsidenten zum Verlassen des Hauses zwingen.

Die Schwäche des Musikmeisters liegt nicht nur in seiner politischen Ohnmacht gegenüber der Willkür des Hofes, sondern auch in seinem Mangel an Verständnis für Luise. Luise will ja in der Liebe zu Ferdinand gar nicht den Stand wechseln und adlig werden (das wünscht nur ihre Mutter), vielmehr sucht sie gemeinsam mit Ferdinand nach einem dritten Ort außerhalb der Ständeordnung, dem Ort des liberalen Bürgers in seinem ständeüberschreitenden Individualismus und Freiheitspathos. Miller verstellt der Tochter den Weg dorthin noch über den Tod, weil er diesen Weg individueller Selbstverwirklichung nicht begreifen kann und im Interesse der ständischen Welt, in der er lebt, auch nicht begreifen darf. Für ihn gelten vorrangig soziale Bezüge und konkrete Verantwortung füreinander und vor Gott, die Tugenden des ständischen Bürgertums, in dessen Grenzen sein Denken und Fühlen eingesperrt bleibt.

Miller muß seiner Tochter den Ausbruch aus der ständischen Welt um so eher verbieten, als dieser Ausbruch sich nicht nur auf emotionalem und sozialem, sondern zugleich auf religiösem Gebiet vollzieht. Den Dialog mit Luise über ihren Liebhaber führen Vater und Tochter von Anfang an unterm Aspekt des rechten Glaubens. Daß sich am Ende in die religiöse Argumentation dann Millers allerpersönlichste einschleicht, daß er mit der Autorität Gottes Luise offenbar gar nicht mehr erreicht, sondern sie erst vom Selbstmord abhält, indem er als Mann und Vater auftritt (90/35 f.) – das ist ein Vorgang, der sich außerhalb von Millers Bewußtsein abspielt. Es ist der Autor, der hier das Ineinander von privater, fast inzestiöser, und weltanschaulich-religiöser Dimension der väterlichen Gewalt über die Tochter demonstriert.

So wie *Kabale und Liebe,* verengt, zu lesen ist als Drama über die Unterdrük-
kung der Frau, so ist es auch zu lesen als Stück über die problematische Rolle des
patriarchalischen Vaters in der bürgerlichen Kleinfamilie. In beiden Aspekten
hat es auch seine Aktualität bis heute bewahrt.

Das Thema des Vaters in *Kabale und Liebe* umfaßt auch das Verhältnis Präsident von Walter – Ferdinand. In den Andeutungen des Stückes kann man das
ganz anders geartete Familienkonzept der nichtbürgerlichen, adligen Familie
erkennen: distanziertes Verhältnis zwischen Vater und Sohn („Sie [. . .] gnädi-
ger Herr Vater", 21/3), Erziehung des Sohnes fern von zuhause auf „Akademien" (49/20), selbstverständlicher Verfügungsanspruch des Vaters über die
Verheiratung des Sohnes; instrumentelles, von moralischen und emotionalen
Rücksichten unberührtes Verhältnis zur Sexualität. Ein Sohn aus solcher Familie wird nicht begreifen, daß dem Fluch eines Vaters religiöse Weihe zugemessen
wird. Der Verinnerlichungsprozeß von Normen und religiösen Wertvorstellungen, der bei Luise Seins- und Weltbild in der Vatergestalt verankert hat: Ferdinand ist nicht durch ihn hindurchgegangen.

Und doch bleibt auch seine Beziehung zu seinem Vater nicht ohne werttragende
Dimension. Wenn in der letzten Szene des Stückes Ferdinand dem verzweifelt
um Vergebung bittenden Vater doch noch „seine sterbende Hand" reicht, dann
ist das mehr als eine theaterwirksame Geste. Die „natürlichen" Bande zwischen
Vater und Sohn sind dem bürgerlichen Dichter Schiller Muster einer erstrebten
Ordnung zwischen den Menschen überhaupt. Ferdinands Geste soll quer zu allem geschehenen Bösen diese „natürliche" Ordnung des bürgerlichen Familien-
konzeptes aufscheinen lassen.

4.4 Ferdinand, der bürgerliche Intellektuelle

Ähnlich wie bei Luise, und noch über sie hinaus, hat sich bei Ferdinand die bisherige Forschung dazu verleiten lassen, Schillers eigene Position vom Idealisten,
der das Unbedingte will, aber im Bedingten haften bleibt, als zeitlos menschliches Thema aufzufassen und seine Nachzeichnung zum Interpretationsziel zu
erklären, sei es, daß mehr das Tragisch-Ausweglose seiner Situation betont wird
(Müller-Seidel 1955, Martini 1952), sei es, daß mehr sein schuldhaftes Verken-
nen Luises oder seine Selbstüberhöhung zum göttlichen Richter kritisiert wird
(Beck 1955, Binder 1958). Demgegenüber werten die eher politisch Interessier-
ten ihn hoch, die *Erläuterungen zur deutschen Literatur* (1956) machen ihn um-
standslos zum „Träger der fortschrittlichen, bürgerlich-revolutionären Ideologie" (S. 192).

Mit dieser Deutungstradition hat unlängst Rolf-Peter Janz (1976), und in seinem Gefolge auch Andreas Huyssen (1980), gebrochen und in der Figur Ferdinands dessen adliges Sozialverhalten gegen seine bürgerlichen Ideale ausgespielt: Ferdinand sei primär als Adliger zu verstehen.

Nun gibt es zweifellos eine Reihe von Charakterzügen Ferdinands, die sich aus seiner adligen Herkunft deuten lassen: sein Herrschaftsanspruch über Luise, seine Mißtrauensbereitschaft, seine „standesgemäßen" Reaktionen auf den Brief: Duell und Giftmord. Aber ehe man vor allem seinen Herrschaftsanspruch als „Absolutismus der Liebe" (Janz 1976, S.219) und damit als elitären Ausdruck primär adliger Charakterprägung bestimmt, ist Vorsicht geboten; Schillers eigene Reflexionen zum Thema „Herrschafts- und Besitzanspruch" legen sie nahe.

In den 1788 erschienenen *Briefen über Don Carlos* rechtfertigt Schiller, daß Posa am Ende des *Don Carlos* seinen Freund, statt ihn als Person ernstzunehmen, mit „einer despotischen Willkür", „wie einen Unmündigen" behandelt. Der Vorwurf eines „gewalttätigen und fehlerhaften Betragens" des Marquis sei berechtigt, aber der Dichter habe ihn so zeichnen müssen, weil die Neigung, das Eigenrecht des anderen nicht zu respektieren, Charaktermerkmal des hier gezeichneten Idealisten sei:

> „Ich halte für Wahrheit, daß Liebe zu einem *wirklichen Gegenstande* und Liebe zu einem *Ideal* sich in ihren Wirkungen ebenso ungleich sein müssen, als sie in ihrem Wesen voneinander verschieden sind – daß der uneigennützigste, reinste und edelste Mensch aus enthusiastischer Anhänglichkeit an *seine Vorstellung* von Tugend und hervorzubringendem Glück sehr oft ausgesetzt ist, ebenso willkürlich mit den Individuen zu schalten, als nur immer der selbstsüchtigste Despot, weil der Gegenstand von beider Bestrebungen *in* ihnen, nicht *außer* ihnen wohnt und weil jener, der seine Handlungen nach einem inneren Geistesbilde modelt, mit der Freiheit anderer beinahe ebenso im Streit liegt als dieser, dessen letztes Ziel *sein eigenes Ich* ist. Wahre Größe des Gemüts führt oft nicht weniger zu Verletzungen fremder Freiheit als der Egoismus und die Herrschsucht, weil sie um der Handlung, nicht um des einzelnen Subjektes willen handelt." (Schiller, Briefe über Don Karlos, Elfter Brief, Nationalausgabe 22, S.170, Z.5–20)

Schiller begründet diese „Wahrheit" dann doppelt: die Vorstellung von „einem zu erreichenden Ideale von Vortrefflichkeit" liege nicht „natürlich" im Menschenherzen, sondern komme „durch Kunst", durch die Vernunft in dieses. Sie müsse deshalb keineswegs immer „wohltätig wirken". Zudem verbinde diese Vorstellung sich nur allzu leicht beim praktischen Handeln mit der uns eigenen „Hinneigung unseres Gemüts zur Herrschbegierde". Der Despotismus vieler geistlicher Orden und Ordensstifter im Namen ihrer brüderlichen Ziele sei dafür Beleg. „Schwärmerei" nennt Schiller die Haltung, die subjektivistisch „um ihres Ideals willen" handle (ebd., S.171). Ferdinand wäre dann, wie Posa, ein „Schwärmer" bürgerlicher Ideale, also ein Charakter, bei dem Subjektivität und eigene Lebensgeschichte mit den leidenschaftlich ergriffenen bürgerlichen Idealen eine problematische Verbindung eingegangen sind. Schillers eigene Deutung des Idealisten schlüsselt Ferdinands Charakter auf – vorausgesetzt, daß man dessen Problematik nicht, wie Schiller selbst, anthropologisch, sondern, gemäß dem Drama, individuell lebensgeschichtlich und damit auch sozialgeschichtlich interpretiert.

Ferdinand ist angemessen nur zu begreifen als der junge Intellektuelle zwischen den Klassen. Von altadliger Herkunft und Sohn eines hohen fürstlichen Beamten, steht er durch väterliche Protektion und eigene Tüchtigkeit am Beginn einer glänzenden Hofbeamtenkarriere. Doch hat er auf diesem Weg zuviel an höfischen Praktiken und systemimmanenten Verbrechen gesehen, als daß er sich mit seinem eigenen Stand noch identifizieren und in der eingeschlagenen Laufbahn einen Sinn sehen könnte. Während seiner Ausbildung auf „Akademien" ist er mit dem Gedankengut der bürgerlichen Aufklärung in Berührung gekommen – wie Schiller auf der Karlsschule und wie mit ihm Hunderte von jungen Adels- und Bürgerssöhnen, die in den fürstlichen Bildungsanstalten und Universitäten auf Posten im anwachsenden Beamtenapparat vorbereitet wurden. Karl August Freiherr von Hardenberg (geb. 1750) und Reichsfreiherr von Stein (geb. 1757) waren solche Adlige, die später als staatliche Beamte in Preußen dezidiert sozialpolitische Positionen der bürgerlichen Bewegung vertraten; sie gehörten der gleichen Generation an wie Schiller und sein im Erscheinungsjahr von *Kabale und Liebe*, 1784, 20jähriger Ferdinand. Die Grafen Stolberg (geb. 1748 und 1750) waren Autoren des „bürgerlichen" Göttinger Hainbundes. Eine knappe Generation später kann man Heinrich von Kleist nennen. Ähnlich wie Kleist, zwischen die Klassen geraten, wird man sich den jungen Ferdinand von Walter denken müssen. Im Gedankengut der Aufklärung fand er das Rüstzeug, das ihm erlaubte, einen geistigen und moralischen Standpunkt außerhalb der Welt seiner Herkunft einzunehmen, nicht Einfluß und Macht zu erstreben, die mit Selbsterniedrigung und Verbrechen verbunden waren, sondern persönliche Selbstverwirklichung als Lebensziel zu sehen. „Mein Ideal von Glück zieht sich genügsamer in mich selbst zurück. In meinem *Herzen* liegen alle meine Wünsche begraben", formuliert er seine „Begriffe von Größe und Glück" mit einem Leitwort der bürgerlichen Bewegung, der Selbstgenügsamkeit des Herzens (I,7; 22/21–31; Hervorhebung von Schiller). Daß der Wert des Menschen nicht in seinem Stand, sondern in seiner eigenen Seele beschlossen ist, und daß die eigene Leistungsfähigkeit und Kraft dem Menschen seinen Rang unabhängig von seiner Herkunft gibt, das sind Ideale der bürgerlichen Aufklärung, von den Autoren der Sturm-und-Drang-Bewegung vielfach wiederholt. Natürlich mußten solche Ideale am fürstlichen Hof des Präsidenten als „phantastische Träumereien" (49/22) wirken. Ferdinand konnte mit ihnen geistige und moralische Selbstidentität, aber keinen sozialen Ort gewinnen. In der zunftbürgerlichen Welt Millers war für derlei Gedanken ebensowenig Platz. Goethe hatte im *Werther* durchgespielt, daß die beschränkten deutschen Verhältnisse den neuen Idealen der Selbstverwirklichung keine reale berufliche Chance boten, und noch Wilhelm Meister gibt dem gleichen Drang nach Seelengröße und persönlichem Adel Chancen nur auf dem Theater, in der Kunst.

Die bürgerlichen Ideale, auf die Ferdinand sich gründete, zielten auf eine Gesellschaft, die es noch nicht gab. Weder im Adel noch im Bürgertum von 1780 in Deutschland waren sie lebbar. Ferdinand siedelt sich mit ihnen außerhalb der sozialen Gegebenheiten des Stückes und der Gegenwart an. Das bewirkt die Labilität seines Charakters, die Überzogenheit seiner Empfindungen und seines Pathos', die Luftigkeit seiner Zukunftsträume und vor allem: die Abstraktheit seiner Ideale. Er liebt Luise „um des Ideals", nicht „um des Gegenstandes willen"; er liebt nicht sie, sondern sein Ideal von Liebe, Natürlichkeit, Gleichklang der Herzen auch über Standesschranken hinweg etc. Die Begegnung mit Luise muß ihm der Beweis dafür gewesen sein, daß alles, womit er sich in seiner Ausbildungszeit einen eigenen Standpunkt außerhalb seiner Klasse gewann, daß die hohen Ideale von Menschlichkeit nicht nur Gedanken waren, sondern Wirklichkeit sein konnten, an einem eigenen Ort außerhalb der Standeswirklichkeit, in der Liebe.

Weil er dies in der Begegnung mit Luise bestätigt fand, war sie ihm „alles"; weil seine gesamte emotionale und geistige Selbstidentität an diesem Punkt verankert war, umfaßte dieses „alles" Natur und Transzendenz.

Ferdinand liebt in der Liebe zu Luise sein „schwärmerisches" Ideal von Selbstverwirklichung und Mitmenschlichkeit, nicht die Geliebte als individuelle Person. Daraus erklärt sich seine Blindheit für Luises konkrete Welt und die Labilität seiner Beziehung zu ihr. Daraus erklärt sich vor allem seine Tangierbarkeit durch die Lady und die Form, in der er diese – für ihn selbst erschreckende – Untreuebereitschaft verarbeitet.

An und für sich wäre die Milford die adäquate Partnerin für Ferdinand gewesen. Sie verwirklicht auf imponierende Weise die Selbstbestimmung, von der er träumt. Mit ihr wäre ein Herzensbund gleichgestimmter großer Herzen möglich gewesen (daß die Männer der bürgerlichen Literatur vor solchen Heroinenlieben dann doch Angst hatten, als Autoren sie ihren Figuren fast immer ersparten und als Freier wie Schiller dann doch die sanfte Charlotte der selbstbewußten Karoline Lengefeld vorzogen, ist ein anderes Problem).

Nur vor diesem Hintergrund ist zu verstehen, wie Ferdinand in II,5 Luise mit seinem eigenen Erlebnis heimsucht und wie er sich für sie nicht um der Person willen entscheidet, sondern um des „Gewissens" und des „Eides" willen (41/13 u. 22): er würde seine Ideale verraten, wenn er jetzt die Liebesobjekte wechselte. Es macht die Zwiespältigkeit seiner „Liebe" aus, daß er gerade im Festhalten an der Unaustauschbarkeit der Person die lebendige Person zum bloßen Objekt seines Liebesideals macht.

In Ferdinand spielen also nicht bürgerliche Ideale und adliges Sozialverhalten gegen- und miteinander (Janz 1976), sondern seine spezifische Form der Idealbildung wie sein konkretes Verhalten sind zu erklären aus der ortlosen Situation zwischen den Ständen, in die er geraten ist. Ferdinand ist von Schiller nicht als Adliger, sondern als isoliertes Individuum im Sinne seiner eigenen bürgerlichen Ideologie entworfen worden, allerdings in konkreter sozialer Gestalt und mit kritischem Blick für die innere Problematik der Figur. Die als adlig zu interpretierenden Züge von Ferdinands Sprache und Handeln machen nicht den Kern der Figur aus. Auch in der Figur Ferdinands spiegeln sich sowohl die Probleme der Auseinandersetzung des Bürgertums mit dem Adel wie die Probleme der bürgerlichen Position mit sich selbst.

4.5 Lady Milford, Probefigur auf Ichautonomie

Die Gestalt der Milford ist in der bisherigen Sekundärliteratur zu *Kabale und Liebe* nur am Rande behandelt worden. Vor allem ihre Begegnung mit Luise und ihr Abgang in IV,9 bereiteten vielen Interpreten Schwierigkeiten; Storz (1959) erklärt beide Szenen zu nachträglichen Konzessionen Schillers an die Bedürfnisse des Theaters und an Schillers Vorliebe für pathetische Situationen (S. 107 f.); J. Müller (1955) vermißt in ihrer „Bekehrung zur Humanität" „echten Wandel" und sieht in ihr bloße „Selbstrechtfertigung aus purem Klassendünkel" (S. 144). Daneben gibt es eine von Binder (1958) ausgehende Deutungstradition, die gerade den Abgang der Lady ernst nimmt und ihn in Zusammengang mit Schillers Konzeption von „Größe" sieht. Für Binder wächst sie durch dieses Ende „in den Kreis der Idealisten" (Ferdinand und Luise) hinein (1958, S. 163), Janz ist ihr Abgang im Schillerschen Sinn „erhaben" (1976, S. 227), für Huyssens bleibt sie ambivalent zwischen angeeigneten bürgerlichen Idealen und aristokratischem Sozialverhalten (1980, S. 222). Eine genaue Analyse der Gestalt fehlt bisher; sie ist nur sinnvoll unter Einbeziehung der literarischen Vorgängerinnen.

Stofflich gehört die Figur der Mätresse zum Bild des absolutistischen Hofes, wie Schiller ihn erlebte und wie die Geschichtswissenschaft ihn sieht. Verkörpert der Präsident die Macht, so die Lady den Genuß. Aber wie zum dargestellten Sujet „Hof", gehört sie auch zum darstellenden Medium „bürgerliches Trauerspiel". Bereits Lillo hatte im *Kaufmann von London* der tugendhaften Tochter die lasterhafte Buhlerin gegenübergestellt. Lessing hatte in der *Sara* diese Konstellation aufgegriffen und in *Emilia Galotti* die literarische Figur der Kurtisane mit der historischen der fürstlichen Mätresse vereinigt. Zugleich hatte er die Figur dabei aufgewertet. Schiller übernimmt die Figur von Lessing und treibt die Aufwertung über das Vorbild hinaus.

Zuerst allerdings wird die Lady als Negativfigur eingeführt. Wir lernen sie in der indirekten Charakterisierung durch Wurm, den Präsidenten und Ferdinand kennen: eine Dame von Einfluß und bekannt schlechtem Ruf (vgl. 23/7–11). Das Bild einer Ehrlosen wird sie bald selber korrigieren; das Bild einer Dame von Macht wird sich bestätigen. Fürst und Präsident hofften, vom Plan einer Konvenienzheirat zu profitieren, doch in Wahrheit war es Lady Milfords Plan, um beiden zu entkommen; Ferdinand glaubte sich überlegen genug, sie mit ein paar Wahrheiten in Verlegenheit zu bringen, doch am Schluß ist er selbst beschämt, verwirrt und beeindruckt; ihr Ruf mag schlecht sein, doch ihre Ehre weiß sie zu verteidigen: sie will Ferdinand zur Ehe zwingen und fühlt sich stark genug, ihm das offen anzukündigen. Sie hat Macht und ist willens, sie zu gebrauchen. Ganz rücksichtslose adlige Dame ist sie schließlich gegenüber Luise: Protektionsangebot wechselt mit Drohung, den Drohungen folgen Bestechungsversuche, vom geschraubten Hofton „bis beinahe zum Toben" (80/24) setzt sie alle sprachlichen und affektiven Mittel ein, um den eigenen Willen durchzusetzen. Erst als Luise fort ist, schlägt der Versuch, das „prahlende Gebäude" der höfischen „Ehre" (82/20 f.) zu erhalten, plötzlich um in die „Kraft zu entsagen" (82/24), in „Großmut" (82/27) und „Tugend" (82/34).

Die Größe im Habenwollen geht den in Schillers Weltbild nur kleinen Schritt zur Größe im Verzichtenkönnen. Aus der adligen Grande Dame wird die Schillersche Heldin radikaler Selbstbestimmung mit den Wertvorstellungen der bürgerlichen Emanzipationsbewegung, Selbstbescheidung und Herzbestimmtheit (vgl. 82/38–83/2). Ein pathetischer Abgang, der uns leicht distanziert, der aber von Schiller als Geste ernstgemeint war, wie die Parallelen zum Schluß der *Räuber,* zum Ende von Posa, Max Piccolomini und Maria Stuart zeigen: fast schon der „Übertritt des Menschen in den Gott" (Schiller an W. von Humboldt, 30. Nov. 1795), die völlige Aufnahme dessen, was man sollte oder muß, in den eigenen Willen. In Schillers Weltbild ist dies das Zeichen dafür, zu welchem Maß an Selbstüberwindung, Großmut und Hingabe, also: Selbstbestimmung der Mensch fähig ist. Aber nicht erst die Schlußszene hebt die Lady in den Rang einer Schillerschen Heldin. Von ihrem ersten Auftreten an stattet der Autor sie nicht nur mit den Attributen der höfischen Welt, sondern auch mit den Werten bürgerlicher Weltanschauung aus.

Schon ihr erster Passus läßt aufhorchen: mit moralischen Kategorien („Verbrechen" 26/14) legt sie ihre Beklemmung im Warten auf Ferdinand aus, und hinausreiten will sie nicht, um sich auszutoben, sondern um in Kontakt mit anderen Menschen und der Natur zu kommen „und mich leichter reiten ums Herz herum" (26/17 f.). Der Satz könnte vom bürgerlichen Werther stammen.

„Herz", das Leitwort bürgerlicher Wertvorstellungen in der deutschen Literatur, ist auch das Leitwort der folgenden Selbstreflexion (vgl. 26/28–27/21). Das „große und feurige Herz" (27/21) ist der Macht und der Herrschaft nicht zugänglich; es gehört dem Menschen selbst, unabhängig von seinem Stand und seinem Amt, seinem Besitz und seiner Macht. Es ist der Ort der Selbstidentität und des Selbstwertgefühls im Sinne der liberalen bürgerlichen Ideologie und zugleich der Ort der menschenverbindenden Sympathie, Freundschaft wie Liebe, die hier die „Favoritin" (27/12) gegen den fürstlichen Liebhaber einklagt.

Mit der Einführung der Herz-Dimension als Kernpunkt ihrer Hofkritik wird die fürstliche Mätresse und „Buhlerin" (23/11) bereits hier zur bürgerlichen Heldin und Identifikationsfigur. Das ist nur möglich, weil Schiller die sexuellen Momente der Figur abtrennt und an den Rand ihres Selbstbewußtseins verweist (vgl. 27/23–33).

Er macht die Lady damit zur Märtyrerin des tugendhaften Herzens in der sexuellen Lasterwelt des Hofes, zu einer Probefigur auf Ichautonomie, die es zu Wege bringt, selbst noch im Sumpf der fürstlichen Mätressenwirtschaft die Freiheit zur Selbstbestimmung der Liebe zu wahren (vgl. 28/17 ff. – ganz ähnlich der Fluchtplan Ferdinands später in III,4; der Lady traut man die Flucht zu, Ferdinand kaum, Luise schaudert vor ihr zurück).

Schillers Aufwertung der Buhlerin zur Identifikationsfigur bürgerlicher Ideologie macht nicht halt bei der Trennung von scheinbar Mätresse, tatsächlich auf

Liebe wartendes Herz. Auch als Mätresse wird die Lady im folgenden als edel im Sinne bürgerlicher Moralität verstanden: auf den Bericht des Kammerdieners reagiert sie mit Wohltätigkeit, weil ihr Gewissen es nicht zuläßt, die durch Soldatenverkauf erworbenen Juwelen zu tragen (31/12–30), und Ferdinand gegenüber gibt sie nicht nur eine rührende lebensgeschichtliche Rechtfertigung ihrer Situation (34/31–35/32), sondern auch eine Liste der dem Herzog im Bett abgetrotzten guten Werke (35/38–36/38). Das große und wohltätige Herz dieser Frau hat ihre fürstliche Abstammung legitimiert. Ihr fehlt nur noch die Hand des geliebten Mannes, um die Diskrepanz zwischen erzwungenem Lasterleben und Freiheit des großen Herzens zu überwinden. Ihren Appell an diesen Mann läßt Schiller in einem der höchsten Werte bürgerlicher Weltanschauung gipfeln: im Namen der „Tugend" beschwört sie Walter, ihr vom „Laster" zu helfen (37/18 f.). Als er sie abweist, weil er ihr nicht helfen kann, stößt er sie auch in ihr höfisches Leben zurück, mit dessen Mitteln sie, offenbar, jetzt dem Präsidenten seinen Verdacht auf „gewisse Historien" (25/2) bestätigt und später Luise von Ferdinand zu trennen versucht. Erst als dies scheitert und Luise in der Sicherheit ihrer aussichtslosen Liebe sich der Lady moralisch überlegen zeigt, findet auch diese zu der eigentlichen Moralität ihres Herzens zurück und schwingt sich im Wettstreit seelischer Größe zur Schillerschen Heldin auf (IV,8).

Bisher haben wir die Milford nur unter dem Aspekt ihrer Bedeutung innerhalb des Dramas und vor dem Hintergrund von Schillers Idealismus behandelt. Die Figur hat jedoch noch eine andere Seite. Wie ihre Vorgängerinnen, die „lasterhaften" Frauen Lessings und Lillos, gemeinsam mit deren Gegenspielerinnen, den tugendhaften Töchtern, sind sie dichterische Erfindungen männlicher Autoren; die psychischen Energien, mit denen beide Reihen von Figurentypen gestaltet sind, sagen viel über das Frauenbild und über die libidinöse Wunschwelt männlicher Autoren im 18. Jahrhundert aus.

Die Figur der tugendhaften Tochter gehört zu Konzept und Tradition des bürgerlichen Trauerspiels. Aber auch im übrigen bürgerlichen Drama der Zeit findet sich als weibliche Hauptfigur die stille, gehorsame und tugendhafte Tochter. Dort wie hier wird sie von den Autoren erkennbar mit Liebe und Zustimmung, Verständnis und Anteilnahme gestaltet.

Neben die Tochterfiguren aber setzt das bürgerliche Trauerspiel bei Lillo, Lessing und Schiller Gegenfiguren des Lasters und der freieren Sinnlichkeit. Und diese Figuren werden mit nicht geringerer psychischer Energie gestaltet als ihre tugendsamen Gegenbilder. Die eigentlich verpönte Sexualität der Marwood wird von Lessing mit großem Farbenreichtum ins Bild gesetzt (*Miß Sara Sampson*, II,3); die Orsina erscheint als große Liebhaberin und „Philosophin". Auch Schiller beleuchtet durchaus die sinnliche Erscheinung der Lady („in einem freien, aber reizenden Negligé" 26/5) und malt ihre sexuelle Potenz breit aus, ohne jede dramaturgische Notwendigkeit (36/14 und 36/22–25).

Über die verbale Ausschmückung der Figur hinaus verwendet Schiller, wie vor ihm schon Lessing, eine ungewöhnliche Form ihrer Einführung. Zuerst wird das negative Urteil anderer über die Frau in aller Schärfe mitgeteilt, dann erst tritt sie selbst auf. Dieses auffallende dramaturgische Verfahren läßt sich interpretieren: Zuerst wird ein moralisches Verdikt über die Figur ausgesprochen, dann kann sie ihre verborgene Attraktivität ausspielen. Zuerst erfüllen die Autoren die gesellschaftliche Norm und wohl auch ihre eigenen Vorstellungen über das Ideal einer Ehefrau: die freie Sexualität der Buhlerinnen wird mit Entschiedenheit als Laster verdammt und mit grellen Abwehrfarben gezeichnet. Dann aber, gedeckt durch die Lizenz des Dramenautors, lassen die Autoren ihren eigenen Wunschphantasien nach freierer Sexualität die Zügel schießen und statten die sinnlichen Frauen mit Anziehungskraft, Glanz und Größe aus. Das Ideal heißt Sara/Emilia/Luise, aber man träumt von Marwood/Orsina/Milford, nicht ohne schlechtes Gewissen und Angst, wie das strenge Zensurplakat vor Einsatz des Traumes zeigt, aber dann durchaus mit Lust.

Der Widerspruch im bürgerlichen Familienkonzept, die Sexualfeindlichkeit seines Tugendgebotes, zeigt sich nicht nur im Stück (an Emilias Verführbarkeit oder Luises Angst vor ihren eigenen „wilden Wünschen" 16/1); auch die bürgerlichen Autoren, die die Stücke schreiben, sind davon tangiert.

Freud hat gezeigt, wie sich die einheitliche Libido durch Sexualtabu und familiäres Zärtlichkeitsgebot in der bürgerlichen Psychostruktur (die er selber als zeitlos ansah) aufspaltet in zwei „Strömungen", die „zärtliche" und die „sinnliche", die auseinanderfallen in zwei Frauenbilder: Maria und Eva, die eine zur reinen Mutter und Geliebten erhöht, die andere zur sexuellen Dirne erniedrigt (Sigmund Freud, Über die allgemeinste Erniedrigung des Liebeslebens, 1912. In: Freud, Studienausgabe V, S. 197–209. Für Schillers *Kabale und Liebe* und Biographie unter diesem Gesichtspunkt noch: Rank 1926, S. 103 ff. u. 108 ff.).

Eben diese Spaltung zeigen Lessings und Schillers bürgerliche Trauerspiele. In ihnen wird kein einheitliches Frauenbild gestaltet, sondern Wertideal und psychische Besetzung fallen auseinander. Das ist kein Makel, im Gegenteil. Die Autoren unterdrücken die Widersprüche ihrer eigenen Gesellschaft nicht, sondern tragen sie in ihren Werken aus. Das bestimmt deren Rang.

4.6 Religion

Nach unserer bisherigen Darstellung scheint ein eigenes Kapitel über das Thema der Religion in *Kabale und Liebe* kaum gerechtfertigt. Zusammen mit Familie und Stand gehört die Religion zu den drei ineinander verwobenen Lebensbereichen, in denen die Liebe von Ferdinand und Luise die herrschenden Denk- und Verhaltensmuster zu transzendieren sucht; dieser Versuch scheitert im Stück gerade an der Zusammengehörigkeit aller drei Bereiche. Wenn dennoch das Thema der Religion hier noch einmal gesondert behandelt wird, so hat das vor allem einen forschungsgeschichtlichen Grund: die latente Vorherrschaft dieses Themas in der westdeutschen Forschungstradition bis zu seiner ausdrücklichen

Behandlung bei Malsch (1965) und Guthke (1979). Vor allem Guthke faßt *Kabale und Liebe* als Stück über ein primär religionsgeschichtliches Thema auf. Zwei Gottesbegriffe stünden sich im Stück gegenüber: Millers Richtergott des überlieferten Christentums und der säkularisierte „Gott der Liebenden", der im Stück vor allem von Ferdinand vertreten wird und den Guthke im Zusammenhang sieht mit dem allgemeinen Säkularisationsprozeß im 18. Jahrhundert, der „Säkularisierung der Liebe" (Guthke 1979, S. 65) von Rousseau bis Novalis und deren Problematisierung u. a. in Goethes *Werther.* Die „idealistische Liebesreligion" (S. 61) wurzele ihrerseits im Autonomiestreben des Subjekts, das sich im „experimentum medietatis" (S. 65 u. passim) gegen den überlieferten Gott auflehne. In der Figur Ferdinands lasse Schiller dieses experimentum scheitern; sein Stück stelle eine Darstellung und Kritik von Ferdinands „hybridem Autonomieanspruch" (S. 69) dar, dem Luise nur zögernd ein Stück weit gefolgt sei und von dem sich auch Ferdinand am Schluß, mit Luise und auf ihren Spuren, wieder abkehre.

Diese Lesart des Dramas ist wichtig, weil sie die religiöse Thematik des Stückes, bis dahin weitgehend Anlaß für eigene metaphysische Theoreme der Autoren selbst, als historisch vermittelt auffaßt: die verschiedenen Gottesbilder im Stück sind solche des 18. Jahrhunderts, Schiller bewegt sich mit ihnen in der Auseinandersetzung zwischen orthodoxem Christentum und Autonomiekonzept.

Religionsgeschichte ist allerdings für Guthke ein nicht weiter ableitbarer Erklärungsgrund. Demgegenüber halten wir eine sozialgeschichtliche Deutung für erklärungsrelevanter und umfassender. Sie nimmt die Religionsgeschichte ernst als eine der Formen, in der allgemeine Widersprüche der Zeit ausgetragen werden. Erst im Rahmen eines sozialgeschichtlichen Deutungsansatzes lassen sich Fragen nach den Subjekten geschichtlicher Prozesse und nach den Interessen, sie voranzutreiben oder zu verzögern, überhaupt diskutieren. Für einfach falsch allerdings halten wir Guthkes These, daß Schiller in *Kabale und Liebe* das „Scheitern" des Autonomiekonzeptes vorgeführt habe. Die andere, keineswegs scheiternde, sondern mit pathetischer Geste abgehende Autonomiefigur, die Milford, bleibt bei ihm außer Betracht. Und auch Ferdinand erklärt u. E. keineswegs den Bankrott seiner Liebestheologie (Guthke 1979, S. 76). Das offensichtliche Scheitern von Ferdinands Hoffnungen auf einen gütigen „Vater der Liebenden" und der Zusammenbruch seines angemaßten Richteramtes wegen falscher Voraussetzung sind zwar wichtige, aber nicht die einzigen Themen des Dramenschlusses. Das Stück schließt gerade nicht im religiösen Bereich und mit einer Unterwerfung Ferdinands unter den „Gott meiner Luise" (107/37). Es schließt vielmehr im familialen Bereich und mit Ferdinands Versöhnung stiftender Geste zum Vater hin, die wir als eine bewußte Setzung Schillers lesen. Am Ende des Dramas steht ein Hoffnungzeichen für die Neubegründbarkeit zwischenmenschlicher „natürlicher" Ordnungen durch die Kraft des Menschen selbst, die das Böse und die Rachsucht überwindet.

Schließlich ist noch einmal daran zu erinnern, daß Schiller Ferdinands Ichverfangenheit und egoistisches Schwärmertum in dessen Sprache durchaus bloß-stellt, daß er aber durch den Ablauf des Dramas Ferdinands Handeln ins – wenn auch schuldhafte – Recht setzt: nur durch Ferdinands Gift wird Luise die Zunge gelöst.

Ferdinands Schlußgeste und der Abgang der Lady sind von gleicher Qualität wie der Abgang Karl Moors in den *Räubern*. Aus diesen Gesten wird Schiller später die Dimension seiner „Vergötterung" des Menschen entwickeln, etwa im Tod des Max Piccolomini oder am Ende der *Maria Stuart*. Die reichere und ent-wickeltere Form, zu zeigen, was den Menschen als Letztes und Höchstes mög-lich sei, wird dort allerdings erkauft mit – gegenüber *Kabale und Liebe* – größe-rer Entfernung zur alltäglichen Welt des 18. Jahrhunderts, mit Stilisierung der Menschen und Figuren, mit der Abgehobenheit des in sich vollendeten Kunst-werks. Sie ist in *Kabale und Liebe* noch nicht erreicht – durchaus zum Vorteil des Stückes.

Daß die religiöse Thematik nur eine Dimension des Stückes im Geflecht mit an-deren, nicht aber herauszulösender Kern ist, daß sich im Medium religiösen Selbstverständnisses gesamtgesellschaftliche Veränderungsprozesse abspielen, zeigt auch ein anderer Aspekt von Religion im Stück, die Verquickung von reli-giöser und finanzieller Thematik bei Miller. Schon Luises Jenseitsvorstellung (13/23–32), explizit vom Vater ihr eingesagt (13/26 f.), hat einen fatalen Aspekt von Verrechenbarkeit (vgl. 13/27ff.). Dann erpreßt Miller seine Tochter zur Liebe mit der ausdrücklichen Parallele zum Kapital-Schuld-Verhältnis (89/25 ff.), und der Gott, in dessen Namen er sie zu verfluchen droht, ist ein rech-nender Gott, der nach „Last" und „Gewicht" (90/27 f.) mißt und nicht nach Barmherzigkeit urteilt. Auch die Religiosität Millers ist eine in historischer Ge-stalt, geprägt von einer Rechenhaftigkeit, in der die personalen Beziehungen zu dinglichen zu werden beginnen (vgl. hierzu Janz 1976, S. 221 u. 226). Schiller nimmt, als einen Aspekt der ständisch-bürgerlichen Welt, vorweg, was in Heb-bels *Maria Magdalena* zum beherrschenden Gesetz des Handwerkerhauses ge-worden ist: die Negativseite bürgerlicher Religiosität, die Rechenhaftigkeit ei-nes Gottes, der nur in den Formen des bürgerlichen Erwerbslebens vorgestellt werden kann.

4.7 Gesellschaftskritik

Über den Stand der idealistischen Forschungsrichtungen zur Frage der Gesell-schaftskritik ist oben (S. 60) bereits berichtet worden. Deren Kritik an den so-zialhistorisch argumentierenden Positionen von Korff, Auerbach und der DDR-Wissenschaft ist insofern ernstzunehmen, als diese Schillers Stück durch-weg auf die offenen politischen Angriffe gegen den Absolutismus verkürzt ha-ben und nicht wahrnahmen, wie tief die sozialen Gegensätze, in denen sich Schillers Figuren bewegen, in ihre Charaktere eingesenkt sind. Die Aufmerksamkeit auf dieses Faktum wiederum verführte die idealistischen Interpreten dazu, nur komplexe zeitlose Charaktere zu sehen, wo es in Wahrheit um historisch bestimmte und sozial vermittelte Widersprüche der psychischen Strukturen und weltanschaulichen Positionen der Figuren geht. Erst Janz (1976) und vor allem Huyssens (1980) fanden, unter Rückgriff auf Szondis „Theorie des bürgerlichen Trauerspiels", einen überzeugenden Zugang, Schillers Stück gerade in seinem allgemein menschlichen Anspruch als historisch bedingtes zu verstehen und der komplexen, produktiven Verarbeitung der gesellschaftlichen Widersprüche um 1780 in *Kabale und Liebe* gerechtzuwerden.

Auch hier ist es sinnvoll, das dichte Gewebe von Schillers Drama für die Analyse aufzutrennen und einzelne Stränge in der Darstellung gesondert zu behandeln. Unproblematisch, deshalb aber nicht weniger ausführenswert, ist der Strang offen politischer Stellungnahmen im Stück. Die Kammerdienerszene, die Figur des Hofmarschalls und die Ohnmacht der Musikerfamilie entwerfen ein scharf pointiertes, durchaus detailgerechtes Bild absolutistischer Herrschaft im 18. Jahrhundert.

Der Bericht des Kammerdieners über den Abtransport von 7 000 Soldaten nach Amerika entspricht verbreiteter Realität im 18. Jahrhundert: die Rücksichtslosigkeit, mit der der absolutistische Herrscher über seine „Landeskinder" verfügte, die finanzielle Verwendung der Gelder für Luxuszwecke, die Drastik unmittelbarer Gewaltanwendung, die Ohnmacht der Betroffenen und ihrer Familien, die Verzweiflung bei einer Verschiffung nach Amerika, die für alle als ein Transport in den Tod erscheinen mußte und es für viele auch war. Der Bericht geht allerdings nicht unmittelbar auf württembergische Erfahrungen zurück; „als Modell des hier gezeichneten Landesvaters hat dem Dichter offenbar der Markgraf von Anspach gedient, dessen Truppen sich beim Ausmarsche empörten" (Kapp 1874, S. 203).

Eine Vorgeschichte gab es in Württemberg; sie war mit Schillers Familiengeschichte verbunden. Karl Eugen, seit 1774 Herzog in Württemberg, hatte schon 1752 einen Subsidienvertrag mit Frankreich abgeschlossen: 6 000 Mann württembergische Truppen gegen 325 000 Livres jährlich. Nach Beginn des Siebenjährigen Krieges mußte Württemberg sein „Reichskontingent" stellen; Karl Eugen preßte es mit großer Brutalität aus dem Land heraus (vgl. Kapp, S. 99 u. 95). 1759 gab es neue, erhöhte Soldatenlieferungen, 12 000 Mann nach Frankreich, 1760 10 000 Mann an Österreich. Ein Angebot von 1776/77 an England allerdings, zur Verwendung im amerikanischen Unabhängigkeitskrieg, kam nicht mehr zum Zug. Der Herzog hatte die früheren Subsidien für seine Hofhaltung verpraßt, seine Kasernen waren leer, an die versprochene Ausrüstung eines Armeecorps nicht zu denken. Zudem hatten inzwischen die Landstände wachsend Widerstand gegen des Herzogs Übergriffe geleistet, 1764 beim Reichshofrat in Wien Klage erhoben und mit Hilfe der protestantischen Mächte England, Dänemark und Preußen den Herzog zum sogenannten Erbvergleich von 1770 gezwungen, der ihnen ihre Rechte bestätigte und den Herzog insgesamt zum Einlenken zwang. Diese württembergischen Ereignisse sind für die Szene in *Kabale und Liebe* indirekt wichtig. Schillers Vater hatte als Offizier die württembergischen Truppen in verschiedenen Kriegen begleitet und war 1763 als Werbeoffizier in Lorch ansässig geworden. Es ist möglich, daß er aus dieser Zeit zu Hause erzählt hat. Die Praktiken der Soldatenaushebung in Württemberg waren in Schillers früher Kindheit erfahrbar, die Landstände hatten gegen sie Stellung bezogen; ihre Anprangerung durch Schiller war also kein isolierter Akt des Autors, sondern hatte Tradition.

1776 hatte Schubart in seiner *Teutschen Chronik* Zahlen über den Soldatenhandel anderer Fürsten nach Amerika berichtet und von einer „Sage"geschrieben, daß auch Karl Eugen mit von der Partie sei. Diese „Sage" wurde nach Streichers Bericht wohl von Schiller bewußt in *Kabale und Liebe* aufgenommen.

Am Soldatenhandel ist nicht nur das Leid der Betroffenen wichtig, sondern auch das Regime, das dieses Leid zufügt. Schiller zeigt den gewaltsamen Abtransport der 7000 nicht als bloßes Faktum, sondern bettet ihn in größere Zusammenhänge ein. Ferdinand kennt die „ungeheure Pressung des Landes, die vorher nie so gewesen" (34/13 f.), die Lady spricht vom „Ruin des Landes" (34/25). Die persönlichen Willkürakte des Herzogs, das Ausnutzen seiner Macht zu sexueller Ausschweifung im Land und am Hof, hatte die Lady durch ihren Einfluß eindämmen können (36/12 ff. u. 24 ff.); der Ausbeutung des Landes durch Hofhaltung und Repräsentationsbedürfnis des Fürsten gegenüber ist sie machtlos. Die Kammerdienerszene öffnet ihr die Augen, am Ende des Dramas zieht sie dem Fürsten gegenüber die Konsequenz. Hierin folgte Schiller im Stück gerade nicht dem Vorbild der Lady, Franziska von Hohenheim, die, zusammen mit dem „Erbvergleich" von 1770, eine sehr viel umfassendere Wendung in der Politik des Herzogs herbeigeführt hatte. Schiller kam es offensichtlich darauf an, die *Ausbeutung des Landes* als resistent gegenüber moralischen Vorwürfen und persönlichem Einfluß zu zeigen. Sie gehörte strukturell zum Absolutismus.

Ebenfalls strukturell zum Absolutismus gehört der *Hof*. Schiller führt ihn vor in der Figur seines obersten Repräsentanten, des Hofmarschalls, einer Karikatur, aber einer, die trifft. Kalb, das ist die Herrschaft der bloßen Etikette, die Nichtigkeit der Umgangsformen *und* ihr realer Machtgehalt. Ein Strumpfband, ein Kompliment, eine Heirat sind symbolische Formen für die Stellung innerhalb der Machtpyramide am Hof, in der jeder jedes Konkurrent ist, jeder um „Einfluß" kämpft, jeder nach Zwecken handelt, keiner nach „Sitten" (und schon gar nicht nach „unbescholtenen", 56/28 f.). Der Hof ist eine gegen alle anderen Sphären abgeschottete eigene Welt, in der der Mensch nichts, die Stellung zum Fürsten alles bedeutet; in der Gerüchte sich zu eigenständiger Gewalt verselbständigen und der bloße Bote einer schlechten Nachricht dafür büßen muß, daß er nicht die Geschicklichkeit gehabt hatte, sich seinem Auftrag auf Kosten anderer zu entziehen (84/38 ff.).

Zum absoluten Herrscher gehört aber nicht nur der Hof, sondern auch die *Verwaltung*. Für sie sind andere Qualifikationen nötig als für die Gesellschaft, nicht nur größere Durchsetzungskraft und Skrupellosigkeit, sondern auch ein bestimmtes Maß an Sachverstand. Der Präsident ist ein „Stuttierter" (56/39), als schwer entbehrlicher Fachmann hat er eine gesicherte Position. Selbst wenn der Fürst ihn entließe (56/40), gäbe es anderswo noch Posten für ihn. Die Verwaltung ihrerseits erscheint im Stück als Hierarchie persönlicher Abhängigkeiten.

Wie der Fürst einen Präsidenten braucht, so der Präsident einen Sekretär. Beide leben davon, daß sie die Geschäfte ihres Herrn möglichst geräuschlos regeln; beiden ist ihr Amt jedoch primär Mittel zur Verfolgung eigener Privatinteressen. Dem Präsidenten geht es um Macht für seine Person und sein Geschlecht, dem Sekretär um Versorgung und die Gründung einer bürgerlichen Familie. Beiden dienen ihre Ämter als Pfründe, in denen sie insgeheim jede Art von Willkür gegen Landeskinder und Stadtbürger walten lassen können.

Die grundlose Verhaftung und Entlassung des Ehepaars Miller zeigt die Ohnmacht des einfachen Bürgers gegenüber dem Zugriff willkürlich handelnder Hofbeamten; Luises Ausgeliefertsein an Wurm in II,6 und des Vaters Angst um die Tochter im dunklen Zimmer am Anfang von V,1 zeigen das Leiden des Bürgers im absolutistischen Staat.

Wichtig ist Luises Versuch in III,6, dem Herzog wenigstens das Ausmaß ihres Leidens stellvertretend vor Augen zu führen, und Wurms berechtigter Hohn, mit dem er diesen Versuch als sinnlos qualifiziert. Hier schließt sich der Kreis. Der Absolutismus zeigt sich in Schillers Darstellung durchaus als System, dem die strukturelle Abgrenzung der verschiedenen Sphären gegeneinander und die menschlichen Schwächen der Herrschenden Dauer garantieren, zum Nutzen der einen, zum Leiden der andern. Schiller erhebt in des Kammerdieners und Luises Worten Anklage gegen die Unmenschlichkeit dieses Systems.

Die Hoffnung, die hinter dieser Kritik steht, ohne ausgesprochen zu werden, ist nicht eine auf Abschaffung, sondern eine auf Änderung des Absolutismus: daß er durchlässig werde für das Leiden der Unterdrückten, daß die „Großen der Welt", selbst wenn sie „nicht wollen belehrt sein", dennoch erfahren, „was Elend ist" (64/11 ff.). Ansatzpunkte für solche Hoffnungen werden im Stück nicht gezeigt. Aber das Stück selbst muß verstanden werden als ein Versuch, das Leiden der „Bettler" als ein menschliches zur Sprache zu bringen und zu entfalten angesichts der Unmenschlichkeit des absolutistischen Systems, das die „Majestäten" (64/20) eben dieses Menschlichen zu entheben scheint.

Von der Doppelfunktion des Absolutismus wird allerdings nur eine Seite dargestellt. Tatsächlich hat der absolutistische Staat in Deutschland ja nicht nur die Ausbreitung bürgerlicher Freiheit politisch und sozial vielfach gebremst, sondern zugleich die ökonomische und soziale Entwicklung des Bürgertums vielfach gefördert. Schiller selbst hatte diese positive Seite der widersprüchlichen Funktion des Absolutismus am eigenen Geist und Leib in der Karlsschule erfahren. Sein Stück schweigt sich darüber aus. Oder richtiger: die für das Bürgertum positive Aufgabe, die der Absolutismus in der gegebenen Situation des 18. Jahrhunderts in Deutschland noch zu erfüllen hatte, drückt sich nur durch das Fehlen einer politischen Alternative zum bestehenden System aus, zeigt sich – ähnlich wie in Goethes *Werther* – in der Schärfe der moralischen Kritik an persönlich erfahrenen Mißständen bei grundsätzlicher Bereitschaft, die gegebenen politischen Strukturen hinzunehmen.

Eine politische Alternative, etwa die Form einer bürgerlichen Republik, war für das zersplitterte und – gemessen an Westeuropa – ökonomisch und politisch schwache deutsche Bürgertum nicht gegeben. Es ist nur folgerecht, daß seine Literaten vorwiegend moralisch argumentieren, wie denn selbst die Lady in ihrem Abschiedsbrief nur den moralischen Appell an die Fürsorgepflicht des Landesvaters wiederholt, einen Appell, dessen Scheitern sie nach dreijährigen Versuchen gerade konstatiert hatte (man könnte sich ausmalen, wie eine wirkliche Engländerin vor dem Hintergrund parlamentarischer Erfahrung oder wie ein Franzose drei Jahre vor der Revolution einen solchen Brief hätte abfassen können).

Allerdings ist noch auf einen Aspekt hinzuweisen, der bisher noch nicht zur Sprache kam und auch in der bisherigen Literatur unbehandelt blieb, aber das scharf gezeichnete Bild absolutistischer Willkürherrschaft doch erweitert. Es ist dies die Funktion der Öffentlichkeit und der Justiz in Schillers Drama.

Es muß auffallen, daß der *Öffentlichkeit* im Stück ein relativ großes Gewicht zukommt. Ferdinand kann den Präsidenten durch die bloße Drohung zum Rückzug zwingen, er wolle „der Residenz eine Geschichte" erzählen, „wie man Präsident wird" (48/6 ff.). Man sollte vermuten, daß dies in einem Land, das so klein ist, daß man von der Residenz innerhalb „einer Stunde [...] über die Grenze" (84/33) sein kann, bisher nicht ganz verborgen geblieben sein dürfte. Aber offensichtlich macht es einen entscheidenden Unterschied, ob man von einem Verbrechen weiß oder ob einer es öffentlich anklagt. So unumschränkt ist des Präsidenten Macht nicht, daß er ungestraft offenes Unrecht begehen könnte; der Schein des Rechts darf nicht zerrissen werden; daher auch die Vorsicht und Heimlichkeit bei der Verhaftung Millers (vgl. 51/36 f.; 53/20; 57/30 f.). Wird an diesen beiden Stellen nicht weiter erkennbar, wie die zitierte Öffentlichkeit der Residenz funktionieren soll – ob durch direktes Eingreifen des Fürsten, der am Ruf seines ersten Ministers interessiert sein mußte, oder durch selbständiges Tätigwerden der Justiz –, so nimmt eben diese *Justiz* am Ende des Stücks konkretere Gestalt an. Daß in I,2 Mutter Miller „in die Gerichte" laufen will, um gegen ihren Mann zu klagen, mag beim Charakter der Mutter nicht allzu viel bedeuten; daß das Stück mit der Abführung des Präsidenten durch Gerichtsdiener endet, hat Gewicht. „Ruft Mord durch die Gassen! Weckt die Justiz auf!" (109/36 f.), hatte Wurm getönt; die Gerichtsdiener waren bereits von sich aus gekommen, als die Kunde von einem Kriminalfall nur eben in die Stadt gedrungen war (108/30 ff.).

Die Justiz erscheint am Ende des Dramas als eine Art dritte Gewalt, unabhängig und selbsttätig. Auch der höchste Beamte ist ihr unterworfen. Kein Zweifel, daß der Präsident am „Blutgerüst" seine Untaten wird büßen müssen. (Die Bühnenfassung hatte, ohne Ferdinands verzeihende Geste, ganz auf diesen gerechten Schluß abgehoben.) Schiller muß ein recht ungebrochenes Vertrauen in die Unabhängigkeit und Überparteilichkeit der Justiz gehabt haben. Das soziale Unrecht, das er anprangert, läßt seinen Glauben an eine mögliche Gerechtigkeit ungetrübt. Es ist bisher nicht erforscht, auf welche Erfahrungen sich diese Zuversicht stützt.

Im Vorangegangenen ist Schillers Stück behandelt worden, als sei es eine Quelle zur politischen und sozialen Geschichte seiner Zeit. Eine solche direkte Lesart scheint uns erlaubt und nützlich, denn ein literarisches Werk verarbeitet gesellschaftliche Erfahrungen, indem es sie verdichtet, und es ist legitim, diese Verdichtung auf ihren unmittelbaren Realitätsgehalt hin zu analysieren und die für die gesellschaftliche Oberfläche typischen Figuren, Ereignisse und Strukturen herauszulösen und auf ihre Typik hin zu befragen. Aber diese Lesart ist nicht zureichend, um der Komplexheit des Werkes und der Vermitteltheit der gesellschaftlichen Widersprüche in ihm gerecht zu werden. Die Ebene der offenen politischen Thematik muß damit verlassen, „tiefere" Schichten des Dramas müssen aufgesucht werden. Auch dort wird man nicht auf Zeitloses stoßen, sondern auf Schillers individuelle Auseinandersetzung mit den Problemen des 18. Jahrhunderts.

Nach Andreas Streichers Bericht wollte Schiller mit *Kabale und Liebe* „einen Versuch unternehmen, ob er sich auch in die bürgerliche Sphäre herablassen könne" (Streicher 1974, S.70). Diese uns fremd klingende Wendung bezieht sich auf das traditionelle Gattungsschema und bedeutet für das Verständnis der Zeit, daß Schiller ein realistisches Trauerspiel im bürgerlichen Familienmilieu zu schreiben plante. Damit ist die zentrale Konfliktebene bestimmt: die Auseinandersetzung zwischen zwei verschiedenen Normensystemen, dem bürgerlichen, privat- und familienorientierten Tugendvorstellungen und den Lebensformen des höfischen Feudaladels.

Bei Lessing, in dessen Tradition sich Schiller mit der Themen- und Gattungswahl bewußt stellt, verlief die Grenze zwischen bürgerlicher Familie und Hof zwischen den Personen. Deren Zugehörigkeit zu einer der beiden Gruppen war eindeutig, beide Parteien standen sich in geschlossenen „Blöcken" gegenüber. Schillers Drama zeigt diese klare Gegenüberstellung noch im Bewußtsein Millers in der ersten Szene, in des Präsidenten spontanem Urteil über Ferdinands Affairen (16/10–17/2) und in Luises Auftrumpfen als „bürgerliche Unschuld" im Gespräch mit der Lady. Insgesamt aber sind die Positionen bei ihm in sich widersprüchlich und damit komplexer geworden. Die Hauptpersonen sind zwischen die Fronten geraten, die sozialen Konflikte sind in die Psychen der Figuren hineingenommen. Zur Kritik an höfischer Unmoral, Äußerlichkeit und Willkür vom Standpunkt bürgerlicher Moralität aus ist eine intensive Selbstkritik der bürgerlichen Moral hinzugetreten. Die Deformationen, mit denen die kleinfamiliale Familienstruktur ihre Geschlossenheit und Selbstsicherheit erkauft, werden nicht nur wie bei Lessing erwähnt und in Kauf genommen, sondern breit entfaltet und in ihren Konsequenzen gezeigt. Die kleinfamiliale „Zärtlichkeit" (90/32) enthält einen Zwangsmechanismus, der die prätendierte Menschlichkeit noch mehr, weil von innen heraus, gefährdet als Gewalt und Intrige der Mächtigen. Diese Implikation bürgerlicher Moralität wird konkretisiert an einer bestimmten Gruppierung innerhalb des Bürgertums, am ständischen Stadtbürgertum mit seiner Enge, Beschränktheit (im Doppelsinn des

Wortes) und Unbeweglichkeit. Mit dieser Konkretion wird die bei Lessing noch einheitliche bürgerliche Position aufgespalten. „Fraktionen" innerhalb des Bürgertums werden sichtbar, und Schiller nimmt bei aller Sympathie eindeutig Partei gegen die beharrenden Kräfte des ständischen Bürgertums. Seine Kritik der Verbindung von Ständedenken und Religion zielt auf deren Überwindung; sie hat insofern eine begrenzte Funktion, die soweit reicht, wie ständisches Denken innerhalb des Bürgertums reichte – also immerhin noch sehr tief ins 19. Jahrhundert. Seine Kritik der libidinösen Repression jedoch zielt auf ein generelles Moment der patriarchalischen Kleinfamilie und hat bis heute nichts an Aktualität eingebüßt.

Das ständische Bürgertum wird von Schiller – wie vor ihm von anderen Stürmern und Drängern – als eigene Gruppe ausgemacht. Das ist nur möglich vom Standpunkt einer anderen innerbürgerlichen Gruppierung aus, zu der die Autoren selber gehörten und deren Erfahrbarkeit sich gegenüber Lessings Generation verstärkt hatte. Dieser Standpunkt liberaler bürgerlicher Intelligenz ist durch die Figur Ferdinands im Stück selber vertreten. Er wird von Schiller ebenfalls kritisch dargestellt. Diese Kritik gründet sich, unserer Interpretation nach, nicht primär auf Ferdinands vermeintliche Verwurzelung im Adel, sondern auf seine Ortlosigkeit zwischen den Klassen, die ihn für „Schwärmerei" anfällig macht. So wie sich in Miller und Luise – um Engels' berühmtes Schlagwort über Deutschland zu bemühen – der „gewesene Stand" eines Stadtbürgertums zeigt, der seine historische Aufgabe hinter sich hat, so zeigt sich in Ferdinand die „ungeborene Klasse" des liberalen Bürgertums, dem seine historische Aufgabe in Deutschland noch bevorstand (jenes zog seinen Auflösungsprozeß allerdings noch weit ins 19. Jahrhundert hinein, dieses erfüllte seine Aufgabe dann nur mit kläglichen Kompromissen).

Schiller trägt seine Kritik an Ferdinand als ortlosem Intellektuellem allerdings nicht historisch konkret und bestimmt vor, sondern allgemein menschlich: er zeige die notwendige Schwäche des idealistischen Helden. Dieses Selbstverständnis Schillers muß vom heutigen Interpreten nicht geteilt werden, vielmehr kann er das Menschenbild Schillers, mit seiner generellen Aufspaltung in ideelle Entwürfe einerseits und reale Schwächen andererseits, selbst als historisch bedingt sehen durch die Position liberal bürgerlicher Intellektueller im 18. Jahrhundert in Deutschland. Gerade weil Schillers eigene Position noch am ehesten hinter Ferdinand zu suchen ist, wird dieser am wenigsten klar historisch bestimmt und am schärfsten grundsätzlich menschlich kritisiert.

Eine theoretisch mögliche, weitere bürgerliche Position, die des liberalen Handelsbürgers, fehlt im Stück. Lessing hatte sie in der Figur des *Nathan* zu artikulieren versucht und damit gerade keine Tradition gestiftet.

So kann man in *Kabale und Liebe* lesen, wie Schiller aus der ungesicherten Position eines bürgerlichen Intellektuellen zwischen den Ständen, mit der ambivalenten eigenen Erfahrung des absolutistischen Staates, im Blick auf die in Deutschland nicht realisierbaren fremden Erfahrungen westeuropäischer Literaten, Denkbilder möglicher Selbstverwirklichung entwirft. Die eigentliche Selbstverwirklichung, die ihm vorschwebt, war im Drama nur als Position zwischen und hinter den realen Figuren darstellbar als nicht erreichbarer dritter Ort jenseits bürgerlicher Stube und höfischem Palais, als „Ideal", zu dessen Ausformung das dramatische Spiel beiträgt, indem es seine Nichtrealisierbarkeit im Material konkreter zwischenmenschlicher Situationen vorführt.

Wenn man die derart vielschichtig zu begreifende Gesellschaftskritik von *Kabale und Liebe* ernstnimmt – und man muß dies, wenn man den Anspruch seiner Zeitenthobenheit verstehen will –, kann man sie nur im Durchgang durch das Stück darstellen. Sie scheint sich dann in ein Vexierspiel aufzuheben: vom Standpunkt bürgerlicher Moral werden höfische Sexualität, Willkür, Machtstreben, Rechenhaftigkeit und Leere kritisiert; vom Standpunkt bürgerlicher Liberalität aus Beschränktheit, Bigotterie und Rechenhaftigkeit des ständischen Bürgertums; vom Standpunkt ständischen Gemeinschaftsdenkens aus die Ichsucht des liberalen, autonomen Selbstverwirklichungsanspruchs; vom bürgerlichen Autonomiekonzept aus die Repressivität familialer Bindungen, patriarchalischen Liebesanspruchs und weiblicher Unterordnung – und das bürgerliche Autonomiekonzept wird am klarsten von einer hochadligen Fürstin vertreten, die sich zur Tagelöhnerin erniedrigt. Aus diesem vielsträngigen Handlungsgefüge ragen einzelne pathetische Gesten heraus: Ferdinands Abgang in I,7 und sein Auftreten in II,7; Luises Auftrumpfen gegenüber der Lady in IV,6; die Versöhnungsgebärde zwischen Vater und Sohn am Dramenende – Gesten, mit denen Schiller von einem kämpferisch starken Bürgertum künden möchte, die aber rhetorisch bleiben, weil sie von der Handlung nicht bestätigt werden.

Im Geschiebe und wechselseitigen Sich-Relativieren all dieser sozialen Positionen werden die Umrisse eines Ideals von Selbstsein und Miteinanderleben erkennbar, an dem alle Positionen sich messen lassen müssen und das in keiner sich realisieren läßt. Es ist ein Ideal des bloßen Literaten und der bloßen Literatur. Als solches zeigt es sich imstande, die bestehenden gesellschaftlichen Zustände scharf, genau und zum Teil hellsichtig zu kritisieren: in der Literatur.

4.8 Sprache

Die vielfältige Sprache des Stückes wird in fast allen Darstellungen wenigstens gestreift und in den meisten gedeutet. Interpreten, die Schillers Wirklichkeit-Ideal-Antithetik als Interpretationsansatz übernehmen, machen ihn gern auch in der Sprache aus, am handlichsten Burger (1957): das Ehepaar Miller und Wurm redeten „lebensnah" vom Realen, Luise und Ferdinand „pathetisch" von „der eigenen Wirklichkeit der Liebe" (S. 181). Martini (1952) differenziert in drei Sprachschichten: des Volkes, des Hofes, des Herzens (S. 26); Binder (1958) unterscheidet drei „Sprachdimensionen": eine soziale, die die Schicht charakterisiere, eine intellektuelle der rhetorischen Mittel, die quer dazu liege, und eine moralische, die „Sprache der Unbedingten" (S. 152) etc. Erst Guthke (1979) bemerkt, daß zumindest Ferdinands Pathos nicht einfach das Ideal verkünden, sondern auch die Person charakterisieren solle (S. 65 f.).

Die einzige Monographie zum Thema, von Elise Riesel (1957), in Moskau gedruckt, ist äußerst nützlich durch ihre sinnvoll und aspektenreich geordnete Materialfülle, auch wenn der Interpretationsrahmen, Schiller als sozialkritischer Realist des Sturm und Drang, eng ist. (Das lexikalische Material von *Kabale und Liebe* ist vollständig erfaßt bei Daly/Lappe 1976.)

Für den heutigen Leser erschwert die Fremdheit der Sprache den Zugang zum Stück erfahrungsgemäß sehr. Diese Fremdheit ist nicht nur eine Folge der verstrichenen 200 Jahre; bereits der fast gleichaltrige K. Ph. Moritz hatte 1784 Schillers Sprache in Grund und Boden kritisiert, weil sein Stilbegriff offenbar ein anderer war als der des Autors (vgl. u. S. 89).

Auch unsere Darstellung soll von der Fremdheit der Sprache ausgehen:

1. Schwierigkeit bereitet dem heutigen Leser nicht nur eine ganze Schicht von Wörtern, die, im 18. Jahrhundert gebräuchlich, inzwischen untergegangen sind oder einen anderen Sinn bekommen haben, dazu Fremdwörter, französisierende Passagen und Schwabismen (vgl. oben, Kap. 2), Schwierigkeiten bereitet auch der dominierende Bildbereich des Dramas, die zum Zeitkolorit wie zur Thematik des Stückes gehörende religiöse Metaphorik. Sie konzentriert sich um wenige Zentren: Gott der Vater und der Richter, die Schöpfung, das Jüngste Gericht, der Himmel und die Hölle. Sie findet sich in bedeutungstragenden Passagen (die Gespräche zwischen Luise und Miller; Ferdinands Monolog IV, 4 etc.) und an unvermuteten Stellen (z. B. 30/21 f. und 72/11); Wurm und Kalb verwenden sie gar nicht; der Präsident spricht mehrfach vom göttlichen „Richter". (Zur Interpretation vergleiche oben S. 76 ff.) Ergänzend hier noch ein Hinweis auf die religiöse Form sozialer Anklagen im Mund der „Landeskinder" des 18. Jahrhunderts in II, 2 (30/19 f. u. 29 f.): daraus spricht eine selbstverständliche Einheit beider Lebensbereiche, die inzwischen verloren gegangen ist.

Tragend ist auch ein Bildbereich, der der geistesgeschichtlichen Epoche der „Empfindsamkeit" entstammt und Allgemeingut der Sturm-und-Drang-Zeit war. Sein Leitwort ist „Herz"; auf dessen Bedeutung im Stück wurde bereits oben mehrfach verwiesen. Als typische Belege empfindsamer Sprache können z. B. 13/4–14 und 35/27–32 gelten, in der zweiten Stelle besonders die emotionstragenden Adjektive, wie sie vor allem die Sprache Luises, Ferdinands und der Lady bestimmen.

Schließlich finden sich verschiedene literarische Anspielungen im Stück, deren Bezugspunkte den Gebildeten des 18. Jahrhunderts ohne weiteres verständlich waren, vom Anklang an Goethes Gedicht *Das Veilchen* (12/31 f.) bis zur zweifachen Anspielung auf Lessing (12/17: dazu *Emilia Galotti* I, 4, Reclam UB 45, S. 9/24–27; 88/29 f.: vgl. oben Kap. 2).

2. Nicht nur das Sprachmaterial ist historisch geprägt; auch der Sprachwille, der

es formt, ist spezifischer Natur. K. Ph. Moritz nennt „unverständliches Galimathias", was Clemens Brentano 1814 so beschreibt:

„In den ersten drei Schauspielen ist die Fabel unendlich schöner als seine Sprache, welche häufig unnatürlich, geschwollen, bombastisch, manchmal beinah lächerlich, oft recht gesucht, ganz ohne allen Puls, und übermäßig vollblütig ist." (Clemens Brentano, Werke, Bd. I–IV. München: Hanser 1963 ff., Bd. II, S. 1110)

Aber Schillers Pathos ist nicht Ausdruck eines schlechten, sondern eines anderen Geschmacks und Stilwillens, einer absichtlich pathetischen und bewußt, kunstvoll rhetorisch gesteigerten Sprache, die sich der Mittel des „hohen Stils", der „geschmückten" und „gesteigerten" Rede im Sinn der antiken Rhetoriktradition und ihrer Drei-Stil-Lehre bedient.

Die Sätze 72/10 f. und 73/15 verwenden nicht einfach religiöses Bildmaterial, sondern formen es bewußt in rhetorischen Antithesen aus. Gerade *diese* Antithetik, die weitgespannteste im Weltbild des jungen Schiller, ist häufig (vgl. z. B. auch 68/20 f.); aber Antithetik überhaupt ist durchgängiges Stilmerkmal, von wichtigen Passagen, wie 15/8–14, 67/38 f. und 85/13–18, bis zu nebensächlichen, wie 51/8–10. Oft fallen sprachliche Antithesen erst bei erhöhter Aufmerksamkeit ins Auge (z. B. 87/27 f.: „Leichname" – „leben"); oft wird die Entgegensetzung vom Autor durch anderen Druck verdeutlicht (z. B. 84/32); das gleiche optische Mittel kann auch sonst dem Satz eine zugleich rationale und emotionale Ordnung verleihen (z. B. 82/23 f.). Zweistufige Steigerung liegt auch dem Satz 75/23 f. zugrunde; eine dreistufige Steigerung, in der Rhetorik „Klimax" genannt, findet sich z. B. 67/17–19. Achtet man erst einmal auf Schillers rhetorische Mittel, dann fällt auf, daß er selbst die „ungebildete" Luise und ihren einfachen, natürlichen Vater anspruchsvoll formulierte Sentenzen sprechen läßt (z. B. 12/16 ff.; 89/15 f.).

Das wichtigste, auffallendste und anstoßerregendste Stilmittel von Schillers Sprache jedoch ist ihre gesteigerte Bildlichkeit, ihre Hyperbolik. Über den gewöhnlichen Wortgebrauch hinausgetriebene Bildlichkeit gilt in der Rhetorik seit je als Kennzeichen (und Gefahr) des affektiven, pathetischen Stils; Schillers Stück bezieht einen Großteil seiner Wirkung von seinen Hyperbeln. Luises „Veilchen"-Bild ist – durch den direkten Vergleich mit dem eigenen „Blümchen Jugend" – eine solche Hyperbel (Goethes Gedicht bleibt durch die gewahrte Distanz ein poetisches Bild), ebenso wie die folgende Mücken-Metapher (12/33 ff.). Sie ist einem anderen Bildfeld entnommen, also „unorganisch" daneben gesetzt, aber das ist gewollt: Steigerung des Ausdrucks ist die Absicht dieses Stils (ähnliche Steigerung oft durch Variation, z. B. 15/6 f.). Ganze Redepassagen leben von solcher Bildlichkeit, z. B. 36/6–15, und Ferdinands berüchtigter Monolog, IV, 4, ist nichts als die Vorbereitung und Durchführung des einen, hyperbolischen Bildes vom Rad der ewigen Verdammnis.

Gesteigerte Bildlichkeit ist nicht nur Sache der „idealischen" Figuren; auch Millers Vergleiche leben oft vom Überschreiten der Üblichkeitsgrenze (etwa 6/1 ff., ebenso 6/37 ff.). Sie sind genausowenig „natürliche" Sprache wie die Redeweise der Lady, Luises und Ferdinands. Sie wirken nur anders, wo ihr Bildmaterial und ihre Gegenstände der „niederen", alltäglichen Sphäre angehören. Auch Millers Sprache ist kunstvoll gemacht. Und: *keine* der Figuren Schillers lebt einfach aus ihrem So-Sein heraus; alle leben sie aus der Anspannung des Willens. Das drückt sich, notwendig, auch in ihrer Sprache und gerade in ihr aus. Ein auf Einfachheit ausgehendes Geschmacksurteil greift ihr gegenüber zu kurz.

Schillers Sprache in *Kabale und Liebe* steht nicht nur im Dienst eines eindeutigen Stilwillens des Autors, sondern zugleich im Dienst seines Willens zur personen- und „schichten"-spezifischen Charakterisierung der einzelnen Figuren. Schiller selbst hat gegenüber Reinwald und Dalberg auf die „gotische" (d.h. nicht-klassizistische) „Vermischung von komischem und tragischem" in diesem Stück hingewiesen, und in der Tat zieht das Drama aus dem Ineinander „niedriger", realistischer und „hoher" pathetischer Stilelemente seine größte Wirksamkeit. E. Riesel hat ausführlich die unterschiedlichen „Sprachporträts" von Miller, Ferdinand und Luise und dem Hofmarschall nachgezeichnet. Jeder von ihnen spricht eine eigene Sprache; der Präsident und Wurm nicht weniger. Zusammen machen sie die spezifische Vielfalt, das Konzert der Stimmen in diesem reich instrumentierten Stück aus.

Zur Vielfalt der Sprachgebung gehört nicht zuletzt auch der gestische Reichtum und die Drastik der Bühnenanweisungen (etwa 5/4 ff., 9/5 ff. etc.; 8/36 f., 19/16 etc.) und das häufig vorgeschriebene stumme Spiel (etwa 101/18 ff. und die ganze Szene).

5 Zur Theatergeschichte des Werkes

Die Erstaufführung von *Kabale und Liebe* in Mannheim war, wie schon die Uraufführung in Frankfurt, ein großer Erfolg (vgl. oben, S. 8) – nicht so triumphal wie der der *Räuber*, aber auch nicht so flau wie die Aufnahme des *Fiesco* in Mannheim. Aufführungen in ganz Deutschland, vor allem in Norddeutschland, folgten, u. a. in Göttingen (Aug. 1784 durch Grossmanns Truppe), Berlin (Dez. 1784), Breslau (4 Aufführungen im Febr. 1785) und Leipzig (Nov. 1785). 1788 spielte Grossmanns Truppe das Stück in Wolfenbüttel, Braunschweig und Hannover; um 1789 ist eine Aufführung in Zweibrücken belegt; 1790 führte es Goethes Vorgänger in Weimar auf. In Hamburg hat der dortige Intendant, Friedrich Ludwig Schröder (1744–1816) dem Stück mit anderen Sturm-und-Drang-Werken bis gegen Ende des Jahrhunderts einen festen Platz im Spielplan gegeben; in Weimar hat Goethe als Theaterdirektor von 1791 bis 1817 mit Schillers anderen Werken auch *Kabale und Liebe* aufgeführt (allerdings nur acht Mal; zum Vergleich: *Die Räuber* 25, *Don Carlos* 47, *Wallensteins Lager* 52, *Maria Stuart* 36 Mal. Weitere Angaben zu Weimar s. Oellers 1967, S. 331; Material zur Rezeptionsgeschichte überhaupt bei Henning 1976, Braun 1882, Bekker 1972 und Oellers 1970/76). 1795 wurde das Drama ins Englische übersetzt, vor 1800 ins Französische. 1785 veröffentlichte Daniel Chodowiecki (1726–1801) seine 12 Illustrationen zu *Kabale und Liebe*. Auch in Stuttgart wurde das Drama gegeben – einmal, am 28. Dez. 1792, dann ließ der Herzog es auf Betreiben des Hofes verbieten. In Wien verhinderte die Zensur Kaiser Josephs II. eine Aufführung bis 1808.
Aber Stuttgart und Wien sind die einzigen Belege direkt politischer Widerstände gegen das Stück. Daß es insgesamt den spektakulären Erfolg der *Räuber* nicht wiederholen konnte und bald vom *Carlos* und den klassischen Dramen in den Schatten gestellt wurde, hat zwei andere, unterschiedliche Gründe.
Dem bürgerlich-kleinbürgerlichen *Publikum* war es ein bürgerliches Familiengemälde unter anderen. Seine Bedürfnisse wurden besser, weil weniger politisch, bedient durch die Flut von Familien- und Rührstücken der Iffland, Gemmingen, Grossmann, Kotzebue etc., die sich seit den 80er Jahren über die deutsche Bühne ergoß und ihren Spielplan zu vier Fünftel bestimmte. Auch in Mannheim hat Dalberg, stets kühl auf Erfolg kalkulierend, *Kabale und Liebe* nach insgesamt sieben Aufführungen 1792 abgesetzt. Er spielte dafür Kotzebue und Iffland: Ifflands *Verbrecher aus Ehrsucht* von 1784 bis 1803 in zwanzig Wiederholungen. Kotzebue lag mit 131 Stücken zwischen 1789 und 1820 überhaupt an der Spitze. Das ist repräsentativ; auch in Hamburg blieben gerade bei *Kabale und Liebe* in wachsendem Maße die Zuschauer weg.
Und die *Gebildeten*? Sie kritisieren das hochgetriebene Pathos des Stückes. Fast alle Rezensionen der 80er Jahren sprechen es an; K. Ph. Moritz macht es zum Angelpunkt seiner berühmten beiden Verrisse vom 21. Juli und 6. Sept. 1784:

„In Wahrheit wieder einmal ein Product, was unseren Zeiten – Schande macht! Mit welcher Stirn kann ein Mensch doch solchen Unsinn schreiben und drucken lassen, und wie muß es in dessen Kopf und Herz aussehen, der solche Geburten mit Wohlgefallen betrachten kann! – Doch wir wollen nicht declamiren. Wer 167 Seiten voll ekelhafter Wiederholungen gotteslästerlicher Ausdrücke, wo ein Geck um ein dummes affectirtes Mädchen mit der Vorsicht rechtet, und voll crassen, pöbelhaften Witzes, oder unverständlicher Galimathias, durchlesen kann und mag – der prüfe selbst. So schreiben heißt Geschmack und gesunde Kritik mit Füßen treten; und darin hat denn der Verfasser diesmal sich selbst übertroffen. Aus einigen Scenen hätte was werden können, aber alles was dieser Verfasser angreift, wird unter seinen Händen zu Schaum und Blase."
(Karl Philipp Moritz, Schriften zur Ästhetik und Poetik. Kritische Ausgabe, hg. v. Hans-Joachim Schrimpf. Tübingen: Niemeyer 1962, S. 301)

Als dann Goethe und Schiller mit ihren klassischen Dramen stilisierte Form, harmonisierte Sprache und sublimierte Charaktere zum Maßstab erhoben und Goethe als Direktor der Weimarer Bühne einen entsprechenden Aufführungsstil entwickelte, da folgte ihnen das gebildete Deutschland willig, gründlich und anhaltend. Fast ein Jahrhundert lang war *Kabale und Liebe* eine Verlegenheit. Schillers „Jugenddrama" behielt einen Achtungsplatz im Repertoire, aber mit Abstand hinter den *Räubern* und *Don Carlos*. Große Aufführungen kamen nicht zustande und die überlieferten Urteile von Schriftstellern und Literaten zeigen Distanz: Franz Grillparzer und Friedrich Hebbel schreiben am 19. Juni 1810 bzw. 14. März 1847 in ihr Tagebuch:

„Was Schiller bei mir so außer Kredit gebracht hat, ist mir wohl begreiflich, Turandot konnte das nicht, [...] wohl aber seine Kabale und Liebe, das elendeste Machwerk, das je ein Mann der doch, und zwar nicht ohne Grund, Anspruch macht unter die Matadors seiner Nation gezählt zu werden, aus bunten, glitzernden Lumpen zusammen geflickt hat, und an dessen breiten Worten und hohen Stelzen man unmöglich die Absicht des Verfassers ein Meisterstück liefern zu wollen erkennen kann."
(Franz Grillparzer, Sämtliche Werke, Bd. I–IV. München: Hanser 1960 ff., Bd. IV, S. 253 f.)

„Sah Kabale und Liebe von Schiller und war doch überrascht von der grenzenlosen Nichtigkeit dieses Stücks, die erst bei einer Darstellung ganz heraustritt."
(Friedrich Hebbel, Werke, Bd. I–IV. München: Hanser 1963 ff., Bd. IV, S. 867)

Die allgemeine Einschätzung änderte sich erst gegen Ende des Jahrhunderts, mit dem Naturalismus. Fontane ging mit der klugen Unvoreingenommenheit seiner Theaterrezensionen voraus:

„Jedesmal, wenn das Gastspiel einer neuen Luise, eines neuen Wurm, Miller oder Ferdinand uns zwingt, einer Wiederholung von ‚Kabale und Liebe' beizuwohnen, erschrecken wir zunächst bei dem Gedanken, das oft Gesehene noch einmal sehen zu müssen, aber immer aufs neue bringt uns das Stück unter seine außerordentliche dramatische Gewalt [...]."
„Das Stück selbst übte wieder seinen alten Zauber, vor allem die Schlußszene des zweiten Akts. Es gibt weniges, was von der Bühne her mächtiger wirkte. Ich hab' es nun wohl zwanzigmal sehn, aber immer aufs neue bin ich wie hingerissen davon. Alles, was sich an mit Recht gefeiertsten Szenen in den späteren Schillerschen Stücken (‚Jungfrau', ‚Tell') findet, ist, verglichen mit *dieser* Szene, kunstvoll angekränkelt."
(14. Mai 1874 und 20. März 1879 in der „Vossischen Zeitung". Aus: Theodor Fontane, Sämtliche Werke, Bd. 1–24. München: Nymphenburger 1959 ff., Bd. 22, 1, S. 356 u. 764)

Den endgültigen Durchbruch für das Theater brachte der Berliner Regisseur Max Reinhardt (1873–1943) mit seinem Instinkt für Theaterwirksamkeit und seiner Fähigkeit, Schauspieler zur Entfaltung zu bringen und Aufführungen zu Erlebnissen werden zu lassen. Reinhardt hat von 1904 bis 1931 fünf vielbeachtete Inszenierungen herausgebracht. Seine Kunst, die Klassiker neu zu beleben, beschreibt der Schauspieler Eduard von Winterstein in seinen Lebenserinnerungen im Hinblick auf *Kabale und Liebe:*

„Reinhardts Streben ging nun dahin, das, was wir durch den Naturalismus gelernt hatten, das Loslösen von allem falschen Gefühl, vom falschen Pathos, positiv ausgedrückt: die Verinnerlichung und Beseelung der vom Dichter geschilderten Empfindungen zu vereinen mit dem ganzen Schwung und dem ganzen echten Pathos dieses Stückes, das Schiller mit seinem Herzblut geschrieben hatte. [...] Am Abend der Erstaufführung wurde die Rolle der Luise mit der Höflich neu geboren, neu entdeckt. Diese Luise war nicht mehr die himmelblaue, tränenreiche Sentimentale, die wir bis dahin auf deutschen Bühnen gesehen hat-

ten, sie war ein Mensch von Fleisch und Blut. [. . .] Von ihrem ersten Wort an sehen wir, wie zärtlich sie an ihrem Vater hängt [. . .] In der liebevollen Zärtlichkeit, deren Zeugen wir in der ersten Szene zwischen Vater und Tochter wurden, lag [in Reinhardts Inszenierung] der Schlüssel der Tragödie [. . .] In dieser Darstellung wurde die Schlußszene des zweiten Aktes – eine der hinreißendsten Szenen, die Schiller gelungen sind – zum Höhepunkt des Abends. Wie Reinhardt in einem Furioso ohnegleichen nicht nur in seiner eigenen Darstellung des Miller, sondern auch in der Raserei, in die er uns alle hinaufpeitschte, dieses Orchester aufgeregter Menschen zu einem überwältigenden Finale steigerte, das war schlechthin meisterhaft. Die Wirkung blieb nicht aus. Das Publikum raste. Mit diesem Schluß des zweiten Aktes war der Erfolg des Abends entschieden. Trotzdem wußte Reinhardt den gewaltigen Zauber der Dichtung im letzten Akt noch zu einer Steigerung zu bringen. Ich habe das Furchtbare und Unheimliche dieses letzten Aktes von ›Kabale und Liebe‹ mit seinem Mord und Selbstmord nie vorher und nachher so wahr, so erschütternd, so unabwendbar dargestellt gesehen. [. . .]"
(Eduard von Winterstein, Mein Leben und meine Zeit, Bd. II. Berlin 1947, S. 176 ff.; vgl.: Kindermann 1957–74, VIII, S. 309 u. 497 ff.)

Vielleicht lag es mit an Reinhardts Maßstab gebenden Inszenierungen, daß *Kabale und Liebe* unter den großen Beispielen aktualisierender Klassikeraneignung in der Weimarer Republik fehlt. Jessner inszenierte in großen Aufführungen von 1919 bis 1924 die wichtigsten Schiller-Dramen, Piscator in einer ungewöhnlich umstrittenen Politisierung 1916 *Die Räuber* – *Kabale und Liebe* blieb ausgespart. So mag aus den 20er Jahren wenigstens ein Echo auf eine mittelmäßige Provinzaufführung zitiert werden, Brechts Urteil über das Stück vom 29. Sept. 1920 aus seinen Augsburger Theaterkritiken:

„Ein unvergleichliches Stück. Zwischen Erzengeln und Teufeln eine wilde Balgerei, bis über dem Liebestod mit Limonade die bezwungenen Teufel den zerfleischten Engeln Beifall klatschen (und in die Binsen gehen . . .).
Die Regie ausgezeichnet. Tempo. Realistisches, lieblich Krasses und dann wieder Arien. Nirgends zersägt die Reflexion diese blühenden Bäume, die kindlich in den Himmel wachsen. Es klappt wie in der Dichtung. Gliederung und Zusammenbildung der Akte stark (noch in der Auflockerung des Hintergrundes im letzten Akt, wo die Nacht hereinschlägt: es geht Windhauch über löschende Kerzenlichter). [. . .] Das Haus war schlecht besucht. Wie trostlos muß die Versumpfung einer Großstadt sein, wenn das einzige Theater, das nur im Winter spielt, immer halb leer bleibt!"
(Bertolt Brecht, Gesammelte Werke in 20 Bänden. Frankfurt: Suhrkamp 1967, Bd. 15 = Schriften zum Theater 1, S. 17 f.)

Während der nationalsozialistischen Zeit war *Kabale und Liebe* erstaunlicherweise das am häufigsten aufgeführte Theaterstück von Schiller im Deutschen Reich überhaupt. Georg Ruppelt kommentiert dieses Faktum so:

„Daß die sozialkritische Tendenz den steten Erfolg des Stückes beim Publikum mitbewirkt hat, erscheint möglich, ist aber nicht nachprüfbar.
Die Theaterkritiken im ‚Völkischen Beobachter‘ lassen aber erkennen, daß man sich in Kreisen der Kulturführung Gedanken über mögliche Zusammenhänge zwischen Schillers gesellschaftlicher Anklage und dem Publikumserfolg seines frühen Dramas machte. Wiederholt betonten die Kritiker, daß zwischen dem Inhalt des Stückes und den gesellschaftlichen Verhältnissen der Gegenwart keinerlei Beziehungen herstellbar wären, da es in der nationalsozialistischen Volksgemeinschaft Klassengegensätze nicht mehr gebe."
(Ruppelt 1979, S. 107)

Intensives und sich wandelndes Theaterinteresse fand das Stück nach 1945. Offenbar artikulierte es eine Unterströmung der Wirtschaftswunderjahre:

„‚Kabale und Liebe' wirkt auf dem heutigen Theater als das am meisten anklagende, pessimistischste, böseste und schwärzeste Stück im gesamten dramatischen Schaffen Schillers. Daraus und nicht aus der Reproduktion ganz überwundener und uninteressant gewordener sozialer Verhältnisse erklärt sich offensichtlich das Rätsel seines andauernden Erfolges. In der Spielzeit 1954/55 lag das ‚bürgerliche Trauerspiel' an der Spitze aller Schilleraufführungen. Vorher und nachher ist ihm in der Regel der dritte Platz geblieben."
(Skopnik 1959, S. 205 f.)

Die hier noch verdrängte sozialkritische Thematik des Stückes wird in den 60er Jahren herausgearbeitet, am deutlichsten wohl in der umstrittenen Berliner Inszenierung von Hans Hollmann 1969:

„Der senkrecht hochgehende Vorhang enthüllt langsam eine gigantische, sitzende Figur von den großen schwarzen Schnallenschuhen über die weißen Strümpfe, die rosarote Hose, den blauen Uniformrock mit Ordensstern und roter Schärpe bis zum Kragen – der Kopf darüber ist nicht mehr zu sehen, er steckt hinter dem oberen Bühnenrahmen.
Flankiert wird dieser Sitzriese von zwei Hunden, unübersehbar männlichen Geschlechts; ihre Schnauzen reichen bis zu den Händen der Herzogsfigur. Das Zimmer des Musikus Miller ist der Platz neben dem einen Schuh und wäre durch einen Fußtritt wegzufegen; der Saal der Lady Milford ist neben dem andern Schuh, und der Saal des Präsidenten liegt zwischen den Schuhen, unter dem Stuhlsitz, dem Hintern des Monarchen. Wer hier spielt, der ist so winzig wie Gulliver bei den Riesen: ein Untertan, aber schon ganz unten, viel kleiner als die Hunde des Herzogs. So schlagend diese Pointen des Bühnenbildners Thomas Richter-Forgách sind, so überdeutlich, so rasch vernutzt, wenn sie auch immer mal wieder dadurch ins Spiel kommen, daß zum Bühnenpopanz hochblickt, wer vom Herzog spricht.
Nicht weniger als siebenmal tritt bei Szenenschlüssen die uniformierte Wache heraus, ein ganzer Zug; er füllt die Bühne mit Exerzieren, Präsentieren, Vergatterung, auch Kirchgang, betend und im Gleichschritt (‚Katholiken, links raus!' – das amüsiert das Publikum) – es ist die greifbar gewordene Macht des Absolutismus, sie reglementiert das Leben in Schillers Stück. Ein wenig zu viel auch dies, sicherlich, doch gehört's zum Stil des Regisseurs Hans Hollmann, eines ehemaligen Juristen, sich bei seinen Bühnenplädoyers unmißverständlich auszudrücken.
Hollmann zeigt nicht Menschen, die vom Absolutismus gezwungen werden, Böses zu tun und zu erleiden, bis sie daran zugrunde gehen, er zeigt Menschen, die vom Absolutismus schon derart bösartig, rückgratlos und engstirnig gemacht worden sind, daß sie in ihren Kabalen ersticken und daß sogar ihre Liebe – wie die Liebe zwischen Ferdinand und Luise – von Anfang an unter dem Druck der Gesellschaft deformiert, verkrüppelt, krank ist. Wenn die Aufführung nach einem Trommelwirbel beginnt, keifen sich Miller und seine Frau (Holger Kepich und Sibylle Gilles) zur gleichen Zeit an, keiner hört dem andern zu, es ist ein zweistimmiges schwäbelndes Gekreisch [...]"
(Darmstädter Echo vom 18.11. 1969; zit. nach: Hensel 1980, S. 41 f.)

Auf ähnliche Weise verband auch die Essener Aufführung von 1977 den scharf herausgearbeiteten politischen Aspekt mit der Historisierung des Stückes. Das Reiterstandbild des Landesfürsten auf der Bühne, die Kammerdienerszene an den Anfang des Stückes gezogen, am Schluß die Marseillaise: nur noch wenige Jahre bis zur Französischen Revolution. Beide Aspekte will das Programmheft zur Aufführung mit Artikeln zur Literatursoziologie des „bürgerlichen Trauerspiels" für das Publikum vertiefen. Auch andere Bühnen nutzen die Programmhefte, um durch historische Analysen, Hintergrundmaterial und Zeitdokumente dem Zuschauer das 18. Jahrhundert nahe zu bringen und Stil wie Aufführung verständlicher zu machen, von Lübeck (1967) bis Mannheim (1974), von Braunschweig (1969) bis Oldenburg (1977). Das Theater hat *Kabale und Liebe* als ein politisches Drama des 18. Jahrhunderts entdeckt, das durch seine Historisierung aktuelle Bezüge bekommt und lebendig wird.

Daneben ist schon in den 60er Jahren eine Lesart erkennbar, die gerade die privaten Konflikte des Stückes herauszuarbeiten sucht. Den Anfang macht offenbar Peter Stein mit seiner Bremer Inszenierung von 1967:

„Peter Steins Konzeption. Ferdinands metaphysische Verblasenheit und überhitzte Egozentrik werden weggeräumt, als eigentliche Mitte des Stücks erscheint die geschädigte Beziehung zweier Menschen. Die popularphilosophische und eschatologische Aufgipfelung hat Stein gestrichen, alle Sturm- und-Drang-Zappligkeit abgestellt. Ebenso kann er auch die sozialmotzige Unruhe im Stück nicht recht ernst nehmen. Er stellt fest: in ‚Kabale und Liebe' ist das Traurigste die Liebe. Liebe, die – aus was für Gründen immer, wahrscheinlich aus einem verquälten Absolutheitswahn – nicht mehr eins ist mit sich, in Zweifel und Verdächte auseinander fiel, die ein gefährliches Prüfspiel geworden ist. Die Gleichgültigkeit gegenüber allem, das zur Grundspannung der rettungslosen Unbedingtheiten nichts beiträgt, bringt Stein dahin, daß er mancherlei kupiert, gar verkümmern läßt."
(Botho Strauß 1967, S. 32)

Fortgesetzt wurde diese Linie bei der herausragenden Aufführung von Christof Nel in Frankfurt 1977:

„[. . .] diese Aufführung ist in Frankfurt eher mißmutig aufgenommen worden. Daß sie sich nur auf die Privat- und Gefühlsaffären des Stücks einlasse, die ‚historische Dimension' vernachlässige, war der beliebteste (und bequemste) Vorwurf gegen sie.
Ich finde diesen Vorwurf falsch. [. . .] Schillers ungezügelter Effektsinn, sein Pathos, seine Formulierungswollust, sein skrupelloser dramaturgischer Verstand (der, um der Spannung willen, auch vor fragwürdigsten Tricks nicht zurückschreckt) – all das macht seine Stücke als Zeugnisse für eine geschichtliche Vergangenheit höchst unglaubwürdig. Wenn etwas in diesen Stücken ‚objektiv' aufbewahrt ist, dann ist es die Sprache, und was diese Sprache über Gefühle mitteilt. Deshalb ist es keine Koketterie, wenn Nel seine Aufführung eine ‚Annäherung an Schiller' nennt und im Programmheft schreibt: ‚Die Frage ist, ob wir noch eine Sprache haben für unsere Empfindungen. Die widersprüchliche Einheit zwischen Erlebnis und Ausdruck kennen wir nicht mehr, unser Reden ist leer geworden und unser Erleben ohne Sprache.'
Widersprochen wird der idyllischen Betrachtung des Stücks: daß Luise und Ferdinand, die Bürgerin und der Aristokrat, unter anderen als feudalen Verhältnissen ein glückliches Paar werden könnten, Nel glaubt es nicht. Am Scheitern ihrer großen, unbedingten, ewigen Liebe ist nicht so sehr ein sozialer Mißstand schuld, sondern viel mehr die Eigenart dieser Liebe selber. Die beiden (das klingt verstiegen, wird aber durch ihr verstiegenes Reden glaubhaft) sind gerade in die Unmöglichkeit ihrer Liebe verliebt. Eine Liebesgeschichte, die nur im Himmel (oder an einem anderen abstrakten Ort) wirklich werden kann, weil ihr auf Erden nicht zu helfen ist. Zwei ‚Kinder, die aus dem Leben gehen, um leben zu können' (Nel): Indem die Aufführung davon erzählt, ist sie sehr wohl ein Beitrag zur deutschen Geschichte, Gefühlsgeschichte. [. . .]"
(Henrichs 1977, S. 31)

Es scheint allerdings, als ob diese Lesart den Bühnen Schwierigkeiten bereitet. Aufführungen der letzten Jahre, etwa 1979 in München und Berlin, 1980 in Dortmund und Mainz, lösen bei den Rezensenten Ratlosigkeit aus durch ihre Versuche, Schiller psychoanalytisch zu interpretieren, nur noch kaputte, deformierte junge Leute zu zeigen, also das Stück für das verbreitete Gefühl allgemeiner, auch privat durchlittener Ausweglosigkeit in Anspruch zu nehmen.

6 Literaturverzeichnis

1. Ausgaben

Schillers Werke. Nationalausgabe. Band V: Kabale und Liebe. Kleine Dramen. Hg. v. *Heinz Otto Burger* und *Walter Höllerer*. Weimar 1957. [Zitiert als: NA]
Schillers „Kabale und Liebe". Kritische Ausgabe. Hg. v. *Herbert Kraft*. Mannheim 1967
Friedrich Schiller: Kabale und Liebe. Ein bürgerliches Trauerspiel. Stuttgart 1980 = Reclam Universal-Bibliothek 33. [Nach dieser Ausgabe wird im vorliegenden Heft zitiert ohne weitere Angaben mit Seitenzahl/Zeilenzahl]
Schillers „Kabale und Liebe". Das Mannheimer Soufflierbuch. Herausgegeben und interpretiert von *Herbert Kraft*. Mannheim 1963 = Forschungen zur Geschichte Mannheims und der Pfalz 3

2. Forschungsliteratur zu Schiller

Abusch, Alexander: Schiller. Größe und Tragik eines deutschen Genies. Berlin, Weimar ⁴1965
Appelbaum-Graham, Ilse: Passions and Possessions in Schillers „Kabale und Liebe". In: German Life and Letters VI (1952/53), S. 12–20. Zitiert nach dem Abdruck in: *I. Graham:* Schiller's drama. Talent and integrity. London 1974
Auerbach, Erich: Musikus Miller. In: *E. A.:* Mimesis. Dargestellte Wirklichkeit in der abendländischen Literatur. Bern 1946, S. 382–399
Beck, Adolf: Die Krisis des Menschen im Drama des jungen Schiller. In: Euphorion 49 (1955), S. 163–202
Becker, Eva D.: Schiller in Deutschland 1791–1970. Materialien zur Schiller-Rezeption, für die Schule herausgegeben. Frankfurt 1972
Bergen, Ingeborg: Biblische Thematik und Sprache im Werk des jungen Schiller. Einflüsse des Pietismus. Diss. phil. Mainz 1967
Binder, Wolfgang: Schillers Kabale und Liebe. In: Das deutsche Drama vom Barock bis zur Gegenwart. Hg. v. *Benno v. Wiese*. Düsseldorf 1958, S. 248–268; zitiert nach *W. B.:* Aufschlüsse. Studien zur deutschen Literatur. Zürich, München 1976
Braun, Julius W.: Schiller und Goethe im Urtheile ihrer Zeitgenossen . . . I. Schiller. 3 Bde. Leipzig 1882
Burger, Heinz Otto: Einführung. In: Schillers Werke = NA, S. 172–191
Daly, Peter M./Lappe, Claus O.: Text- und Variantenkonkordanz zu Schillers Kabale und Liebe. Berlin, New York 1976
Erläuterungen und Dokumente. Friedrich Schiller, Kabale und Liebe. Hg. v. *Wolfgang Schafarschik*. Stuttgart 1980 = Reclam UB 8149
Erläuterungen zur deutschen Literatur. Klassik. Hg. v. Kollektiv für Literaturgeschichte im volkseigenen Verlag Volk und Wissen. Berlin ²1956 u. ö.
Guthke, Karl S.: Das bürgerliche Trauerspiel. Stuttgart ²1976 = Sammlung Metzler 116
Guthke, Karl S.: Kabale und Liebe. In: Schillers Dramen. Neue Interpretationen. Hg. v. *Walter Hinderer*. Stuttgart 1979, S. 59–86
Henning, Hans: Schillers Kabale und Liebe in der zeitgenössischen Rezeption. Leipzig 1976 = Werk und Wirkung. Dokumentation zur deutschen Literatur 1
Henrichs, Benjamin: Geschichtsunterricht, Gefühlsunterricht. Über das Schauspiel Frankfurt und die Nützlichkeit der Verwirrung. In: Die Zeit, Nr. 27, 24. Juni 1977, S. 31
Hensel, Georg: Das Theater der siebziger Jahre. Stuttgart 1980

Huyssen, Andreas: Drama des Sturm und Drang. Kommentar zu einer Epoche. München 1980

Ide, Heinz/Lecke, Bodo: Exempla classica: Unterrichtsmodelle zu Dramen der Klassik. 4. Zu Schillers „Maria Stuart" und „Kabale und Liebe". In: Projekt Deutschunterricht 7. Stuttgart 1974, S. 49–58

Janz, Rolf-Peter: Schillers Kabale und Liebe als bürgerliches Trauerspiel. In: Jahrbuch der deutschen Schiller-Gesellschaft 20 (1976), S. 208–28

Kindermann, Heinz: Theatergeschichte der Goethezeit. Wien 1948

Kindermann, Heinz: Theatergeschichte Europas. Bd. I–X. Salzburg 1957–74

Kommerell, Max: Schiller als Psychologe. In: *M. K.:* Geist und Buchstabe der Dichtung. Goethe Schiller Kleist Hölderlin. Frankfurt/Main ⁴1956, S. 175–242

Koopmann, Helmut: Friedrich Schiller. I: 1759–1794. Stuttgart 1966 = Sammlung Metzler 50

Korff, Heinrich August: Geist der Goethezeit. Versuch einer ideellen Entwicklung der klassisch-romantischen Literaturgeschichte. 1. Teil: I. Sturm und Drang. Leipzig 1923 u. ö.

Lahnstein, Peter: Schillers Leben. München 1981

Malsch, Wilfried: Der betrogene deus iratus in Schillers Drama „Louise Millerin". In: Collegium philosophicum. Studien Joachim Ritter zum 60. Geburtstag. Basel, Stuttgart 1965, S. 157–208

Martini, Fritz: Schillers „Kabale und Liebe". Bemerkungen zur Interpretation des „Bürgerlichen Trauerspiels". In: Der Deutschunterricht 4 (1952), S. 18–39

Mehring, Franz: Schillers „Kabale und Liebe" (1894), „Kabale und Liebe" (1909). In: *F. M.:* Aufsätze zur deutschen Literatur von Klopstock bis Weerth. Berlin 1961 = Gesammelte Schriften 10

Müller, Ernst: Der Herzog und das Genie. Stuttgart 1955

Müller, Joachim: Der Begriff des Herzens in Schillers Kabale und Liebe. In: Germanisch-Romanische Monatsschrift 22 (1934), S. 429–437

Müller, Joachim: Schillers „Kabale und Liebe" als Höhepunkt seines Jugendwerkes. In: *J. M.:* Wirklichkeit und Klassik. Beiträge zur deutschen Literaturgeschichte von Lessing bis Heine. Berlin 1955, S. 116–148

Müller-Seidel, Walter: Das stumme Drama der Luise Millerin. In: Goethe. Neue Folge des Jahrbuchs der Goethe-Gesellschaft 17 (1955), S. 91–103

Oellers, Norbert: Schiller. Geschichte seiner Wirkung bis zu Goethes Tod. 1805–1832. Bonn 1967

Oellers, Norbert: Schiller – Zeitgenosse aller Epochen. Dokumente zur Wirkungsgeschichte Schillers in Deutschland. 2 Bde. München 1970 und 1976

Rank, Otto: Das Inzestmotiv in Dichtung und Sage. Grundzüge einer Psychologie des dichterischen Schaffens. Leipzig, Wien ²1926

Riesel, Elise: Studien zu Sprache und Stil von Schillers „Kabale und Liebe". Moskau 1957

Ruppelt, Georg: Schiller im nationalsozialistischen Deutschland. Der Versuch einer Gleichschaltung. Stuttgart 1979

Schaer, Wolfgang: Die Gesellschaft im deutschen bürgerlichen Drama des 18. Jahrhunderts. Grundlagen und Bedrohung im Spiegel der dramatischen Literatur. Bonn 1963 = Bonner Arbeiten zur deutschen Literatur 7. Hg. v. *Benno v. Wiese*

Skopnik, Günther: Die Dramen Schillers auf den Bühnen der Deutschen Bundesrepublik seit 1945. In: Maske und Kothurn 5 (1959), S. 205 f.

Storz, Gerhard: Der Dichter Friedrich Schiller. Stuttgart 1959

Strauß, Botho: Die Kraft der Diskretion. Peter Stein inszeniert „Kabale und Liebe" am Bremer Theater. In: Theater heute 8 (1967), Nr. 12, S. 32 ff.

Streicher, Andreas: Andreas Streichers Schiller-Biographie. Hg. v. *Herbert Kraft.* Mannheim, Wien, Zürich 1974 = Forschungen zur Geschichte Mannheims und der Pfalz N. F. 5 (Text auch bei Reclam UB 4652–54)

Szondi, Peter: Die Theorie des bürgerlichen Trauerspiels im 18. Jahrhundert. Der Kaufmann, der Hausvater und der Hofmeister. Hg. v. *Gert Mattenklott.* Frankfurt/Main 1973 = Suhrkamp Taschenbuch Wissenschaft 15

Wich, Joachim: Ferdinands Unfähigkeit zur Reue. Ein Beitrag zur Deutung von Schillers Kabale und Liebe. In: Literaturwissenschaftliches Jahrbuch der Görres-Gesellschaft NF 15 (1974), S. 1–15

Williams, Anthony: The ambivalences in the plays of the young Schiller about contempory Germany. In: Deutsches Bürgertum und literarische Intelligenz 1750–1800. Hg. v. *Bernd Lutz.* Stuttgart 1974 = Literaturwissenschaft und Sozialwissenschaften 3

Wilpert, Gero von: Schiller-Chronik. Sein Leben und Schaffen. Stuttgart 1958 = Kröner TA 281

Wolzogen, Karoline von: Schillers Leben. Stuttgart 1830 u. ö.

Zeller, Bernhard/Scheffler, Walter: Schiller. Leben und Werk in Daten und Bildern. Frankfurt/Main 1977 = Insel Taschenbuch 226

3. Forschungsliteratur zu literatursoziologischen, sozialwissenschaftlichen etc. Fragen

Ariès, Philippe: Geschichte der Kindheit. München, Wien ³1976

Engelsing, Rolf: Der Bürger als Leser. Lesergeschichte in Deutschland 1500–1800. Stuttgart 1974

Erning, Günter: Das Lesen und die Lesewut. Beiträge zu Fragen der Lesergeschichte; dargestellt am Beispiel der schwäbischen Provinz. Bad Heilbrunn/Obb. 1974

Freud, Sigmund: Studienausgabe. Hg. v. *A. Mitscherlich* u. a., Bd. V: Sexualleben. Frankfurt/Main 1967

Gerth, Hans H.: Bürgerliche Intelligenz um 1800. Zur Soziologie des deutschen Frühliberalismus. Hg. v. *Ulrich Herrmann.* Göttingen 1976 = Kritische Studien zur Geschichtswissenschaft 19

Habermas, Jürgen: Strukturwandel der Öffentlichkeit. Untersuchungen zu einer Kategorie der bürgerlichen Gesellschaft. Neuwied, Berlin ³1968 = Politica. Abhandlungen und Texte zur politischen Wissenschaft, Bd. 4. Hg. v. *Wilhelm Hennis, Roman Schnur*

Haferkorn, Hans J.: Zur Entstehung der bürgerlich-literarischen Intelligenz und des Schriftstellers in Deutschland zwischen 1750 und 1800. In: Deutsches Bürgertum und literarische Intelligenz 1750–1800. Hg. v. *Bernd Lutz.* Stuttgart 1974 = Literaturwissenschaft und Sozialwissenschaften 3

Handwörterbuch zur deutschen Rechtsgeschichte, Bd. 1. Hg. v. *Adalbert Erler, Ekkehard Kaufmann.* Berlin 1971

Kapp, Friedrich: Der Soldatenhandel deutscher Fürsten nach Amerika. Ein Beitrag zur Kulturgeschichte des 18. Jahrhunderts. Berlin ²1874

Kiesel, Helmuth/Münch, Paul: Gesellschaft und Literatur im 18. Jahrhundert. Voraussetzungen und Entstehung des literarischen Markts in Deutschland. München 1977

Osenbrüggen, Eduard: Der Hausfrieden. Ein Beitrag zur deutschen Rechtsgeschichte. Erlangen 1857

Schivelbusch, Wolfgang: Das Paradies, der Geschmack und die Vernunft. Eine Geschichte der Genußgifte. München, Wien 1980

Schwab, Heinrich W.: Stadtpfeifer. In: Musik in Geschichte und Gegenwart. Bd. 16. Kassel 1979, Sp. 1731–1743

Watzlawick, Paul/Beavin, Janet H./Jackson, Don D.: Menschliche Kommunikation. Formen, Störungen, Paradoxien. Bern, Stuttgart, Wien 1969 u. ö.

Weber-Kellermann, Ingeborg: Die deutsche Familie. Versuch einer Sozialgeschichte. Frankfurt/Main 1974 u. ö. = Suhrkamp Taschenbuch 185